Ricardo Saldanha

feliz produtivo

conteúdo

introdução 3
ser feliz produtivo 9
tempo 13
    FLOW 14
hacks e dicas 20
vida sem papel 22
agenda 25
lista de tarefas 30
conhece-te a ti mesmo 38
lembretes 42
telefone 46
prioridades 52
procrastinação 55
questione tudo 60
princípio de Peter 63
o armário desarrumado 65
automação 69
janela partida 74
gestão do cérebro 76
multitasking 82
Pomodoro 86
inbox zero 89
respiração 92
nuvens e *backup* 94
conclusão 98

introdução

Olá.

Antes de começar a ler as próximas frases, já parou para pensar no que é a felicidade e se já se sentiu realmente feliz alguma vez? Tenho certeza de que sim, todas as pessoas já fizeram isso, buscando o sentido da vida. Mas já parou para pensar que o sentimento que chamamos de felicidade só é sentido quando temos consciência dele? Só estamos felizes quando não caímos na rotina da felicidade. É surpreendente e até chocante chegar a essa conclusão.

Vivemos diariamente sob o complexo da felicidade. Sentimos felicidade quando coisas boas acontecem e nos fazem sentir bem e alegres, com energia e bom humor, mas quando essas coisas boas se tornam parte da nossa rotina, deixamos de valorizá-las ou atribuir-lhes o verdadeiro valor e buscamos novas "coisas boas" para nos dar mais "felicidade". Buscamos a felicidade, mas quando a encontramos, não a desfrutamos por muito tempo, começamos rapidamente a procurar um novo motivo para nos sentirmos felizes, descartando todos os motivos antigos.

Para mim, um filho é sinônimo de felicidade suprema. Não há maior felicidade do que ter um filho. Para você pode não ter tanto valor, e não pense que o julgo por isso. Para mim, o valor relativo de cada felicidade é intrínseco a cada ser humano. Então, veja este exemplo substituindo a minha felicidade suprema pela sua. Já me peguei muitas vezes observando meu único filho e encontrando uma justificativa para o que estava sentindo naquele momento.

É incrível. Lembro-me muitas vezes da felicidade que senti quando soube da gravidez da minha esposa, da felicidade quando vi as primeiras ecografias, da felicidade e da ansiedade horas antes do parto, da felicidade que senti quando o peguei pela primeira vez e não queria mais soltá-lo. Por que senti isso em todos esses momentos? Afinal, é um acontecimento dos mais elementares na vida, a reprodução da espécie. Depois de seu nascimento, meu filho começou a fazer parte de uma nova rotina em casa. O efeito de novidade desapareceu, mas a felicidade causada pelo amor incondicional continuou. O interessante é que mesmo quando o grau de felicidade é muito alto, quando o motivo entra na rotina, a felicidade também entra na rotina.

A surpresa e a novidade deixam de existir. E como sentir a felicidade como sentimos inicialmente? Preciso ter mais 2, ou mais 3, ou 4, 5, 6 filhos? Poderia tê-los, mas não por esse motivo. Paro. Paro para pensar. Normalmente, ao observar o motivo da minha felicidade, tomo consciência do valor que isso tem para mim e relembro tudo o que já senti. É uma espécie de pequena transe em que volto ao passado por breves momentos e trazendo de lá memórias que me enchem de alegria. Dou fortes abraços ao meu filho e esposa sem motivo aparente, pelo menos para eles. Eu sei bem o que esses abraços significam. Na vida profissional é a mesma coisa.

Mesmo quando realizamos atividades de que gostamos, quando estamos em situações de estresse, colocamos em risco nossa rotina diária, pois momentaneamente esquecemos da felicidade que temos por estarmos realizando algo que nos dá prazer. Entre todas as tarefas que propõe realizar diariamente, já parou para pensar em quanto vale esse esforço?

Serão esses os projetos mais rentáveis ou que mais o satisfazem? Peço-lhe que mantenha em mente as seguintes perguntas: "Quanto vale o esforço para cumprir minhas tarefas?" e "São as mais rentáveis ou que me dão mais satisfação?". Como posso ganhar mais em menos tempo? Este livro aborda tudo isso. Quero incentivá-lo a refletir sobre tudo o que faz e o que ganha com isso. No início, isso pode ser bastante desafiador.

Monitorar a própria atividade em vez de se concentrar no que está sendo feito pode ser bastante difícil. É verdade que pode ser um desafio no início, enquanto se ajusta a novos hábitos, mas o resultado final é provável que seja positivo. Eu também não lhe ofereço um método milagroso e infalível que revolucionará sua vida. Este livro é uma testemunha de como é possível fazer mais em menos tempo simplesmente conhecendo alguns métodos e regras básicas.

Durante minha vida, realizei muitas atividades, tanto profissionais quanto pessoais, tendo diversas experiências simultaneamente. Em algum momento, lamentei a falta de tempo para realizar aquelas atividades que mais me davam prazer. Embora tenha passado por essa situação por um período, hoje tenho todo o tempo do mundo, o mesmo tempo que você tem, 24 horas por dia.

É difícil manter o controle sobre o que estamos fazendo em vez de nos concentrarmos no que estamos fazendo. Não vou mentir, pode ser um pouco desafiador no início enquanto nos habituamos a novos hábitos e passamos por um processo de adaptação, mas o resultado final é quase garantido. Também não estou lhe apresentando um novo método milagroso e infalível que mudará a vida na Terra. Este livro é uma testemunha de como é possível fazer mais em menos tempo apenas conhecendo alguns métodos e regras básicas.

Como defensor da máxima "não deixe para amanhã o que pode ser feito hoje", permiti que minhas várias ambições me envolvessem e acordei envolto em vários projetos sem tempo para geri-los. Por necessidade, descobri os conceitos de "gerenciamento de tempo" e "produtividade" (ou falta dela). Rapidamente, desenvolvi um grande interesse pelo assunto e procurei uma ampla bibliografia. Li muitos "gurus" e pensadores. Era hora de deixar a vida de estresse e preocupação para fazer tudo de forma eficiente. A vida só tem significado quando tomamos consciência de que estamos vivendo-a. Não importa se chegaremos aos 90 anos ricos e poderosos, o que realmente importa é vivermos 90 anos em harmonia com o mundo ao nosso redor e vivermos cada minuto de vida querendo viver outro depois. Quando nos questionamos sobre o propósito de nossa vida na Terra, é um sinal de alerta que provavelmente quer nos avisar de que ainda não somos felizes.

A questão do propósito da nossa existência no planeta Terra pode ser um indicador de insatisfação e infelicidade. No entanto, o sucesso material e o poder não são os únicos elementos que determinam uma vida feliz e significativa. O equilíbrio e a harmonia com o ambiente que nos cerca são também importantes. É importante lembrar que cada minuto de vida deve ser valorizado e apreciado, com a intenção de viver mais momentos semelhantes no futuro.

A felicidade é um estado emocional que pode ser alcançado através da realização de atividades e experiências que são valorizadas pelo indivíduo. A felicidade é uma consequência do que fazemos e experienciamos e é o resultado da percepção que temos sobre o valor dessas atividades e experiências. É importante notar que, embora as pessoas possam ter diferentes concepções do que é considerado valioso e significativo, a felicidade é frequentemente alcançada quando se dá valor ao que temos e ao que experienciamos. No entanto, é importante lembrar que é impossível passar todos os minutos da vida fazendo apenas o que nos dá um bom retorno emocional. É necessário assegurar que as nossas necessidades básicas estão devidamente satisfeitas antes de buscarmos a felicidade através de atividades e experiências valiosas.

No entanto, é impossível dedicar todos os minutos da nossa vida apenas às atividades que nos trazem um bom retorno emocional. É fundamental garantir que as nossas necessidades básicas estejam satisfeitas, incluindo alimentação, abrigo e vestuário. Isso geralmente exige trabalho que gere recursos financeiros. Infelizmente, às vezes precisamos nos submeter a empregos que não nos realizam, mas que são necessários para atender às nossas necessidades básicas. No entanto, isso não significa que não possamos nos sentir felizes.

O segredo é valorizar o que se tem e o que se constrói ao longo da vida. Lembro-me de um amigo apaixonado por pesca que deixava seu emprego todas as sextas-feiras, carregava o carro com o material de pesca e passava o fim de semana inteiro em terras distantes, vivendo intensamente esses dias de descanso. Durante a semana de trabalho, ele só pensava no próximo fim de semana. Outro caso interessante é o de um outro amigo que planeja as férias todos os dias. Todos os dias das suas férias são planejados. Ele já visitou dezenas de países, provavelmente quase todos da Europa. Como ele diz, o trabalho chato que tem como bancário é apenas uma forma de pagar as suas férias.

Portanto, a melhor estratégia é minimizar o tempo gasto em atividades que não nos agradam e maximizar o tempo dedicado às atividades que amamos. Isso é ser produtivamente feliz. Teoricamente, todas as técnicas e métodos de produtividade fazem sentido, mas às vezes são contraditórios uns com os outros. Por esse motivo, decidi reunir o que cada método tem de melhor e adaptar cada pequena parte às minhas necessidades. Busquei os pontos fortes de cada método aqui e ali.

Decidi, então, organizar minha vida e começar a ter controle sobre o meu tempo. Como você verá mais adiante, esse controle é alcançado estabelecendo e seguindo regras e algumas rotinas diárias. Se você pertence ao grupo de pessoas que vive a vida dia a dia, que gosta da adrenalina que as surpresas boas e ruins do dia trazem, ou que a palavra planejamento não faz parte do seu vocabulário, ignore este livro. Isso é exatamente o oposto do que você idealiza para si mesmo.

Ou, se você preferir, pare um pouco, leia também e, provavelmente, verá que um pouco de planejamento e objetividade podem lhe dar mais tempo para ser ainda mais um "espírito livre". Eu escrevo este livro para compartilhar minha visão e mostrar como minhas regras e rotinas funcionam para mim, acreditando que serão facilmente adaptáveis a todas as pessoas. O importante é entender quais são as pedras basilares e como podem ser dispostas. A partir daí, o controle deste jogo é seu. Não espere um livro chato cheio de receitas minuciosas para o sucesso ou cheio de teoria que só serviria para lhe dar um bom sono.

Espero que você encontre nas próximas páginas uma "lista explicada" dos fantásticos ingredientes que essa minha "cozinha" utiliza. Se você tiver dúvidas ou quiser compartilhar casos e situações suas, fale comigo, eu também quero aprender com você. Depois de ler este livro, podemos continuar essa conversa, desta vez com sua contribuição. Use as redes sociais ou me envie um email com sua opinião. Conte-me coisas suas. O que essa minha contribuição mudou em sua vida? Como você está usando praticamente essas dicas? Você tem novas ideias? Compartilhe comigo! Discuta! Seja feliz.

ser feliz produtivo

Você leu a introdução deste livro? Se não leu, deveria ter lido. Se leu, não se sinta enganado porque vamos começar com um pouco de teoria. Fique tranquilo, vai ser rápido e não vai doer. Quando abordamos um tema como "produtividade", é necessário definir *a priori* do que estamos falando. Que produtividade é essa? Do que estou falando e o que pretendo relacionar? Produtividade é uma expressão matemática que relaciona a produção com os fatores de produção. Em algumas situações, faz sentido comparar, por exemplo, quantas peças são produzidas por cada trabalhador. Em outras, faz mais sentido comparar a faturação mensal com o gasto de energia elétrica. Existem, certamente, uma infinidade de situações possíveis e lógicas.

No entanto, o que nos interessa neste livro é a relação entre a produção (seja ela qual for) e o recurso finito, mas gratuito, de que dispomos, o tempo. A fórmula é simples: para aumentar a produtividade, precisamos aumentar a produção ou diminuir o tempo, ou uma combinação dessas duas coisas, produzindo mais em menos tempo.

Vamos ser honestos, certamente que meu conceito de produção é diferente do seu. Se você for um escritor, pode considerar que sua produção é a quantidade de livros que escreve. Se for um encanador, pode ser o número de instalações ou reparações que realiza, ou, se for um operador de caixa em um supermercado, pode ser a quantidade de clientes que atende. Como disse anteriormente, é importante perceber que este livro não é "chapa 5"

Você terá que adaptar cada uma dessas situações à sua vida, ao seu emprego, ao seu dia a dia. Melhorar sua produtividade não é fazer mais do que seu amigo ou mais do que seu vizinho. O importante é primeiro competir contra si mesmo, melhorar e evoluir. É importante comparar os resultados do mês passado com o dia de hoje e perceber que está melhor. Este é o espírito! Mas voltemos à produção e sua relação com o tempo. Todos nós temos 24 horas disponíveis todos os dias. O que cada um faz com esse recurso é uma opção de cada um.

A vida não é só "trabalho". A vida também é lazer, família e descanso. Mas se nosso objetivo é melhorar nossa vida e nossa produtividade, por que não incluir a produção do "não trabalho" em nossa equação? Parece óbvio para mim que mesmo as coisas que não geram rendimento podem trazer momentos agradáveis e que de alguma forma nos satisfazem. Para mim, isso também é produção. Eu também tenho minha produtividade relacionada ao meu lazer. Se você conseguir fazer uma tarefa em metade do tempo, poderá gastar a outra metade em momentos de lazer ou descanso. Se você gosta de ler livros, pode considerar sua "produção de livros lidos".

Se você é um apreciador de séries de TV, pode "produzir" suas séries assistidas. Se você vai a academia, pode quantificar seus melhoramentos físicos. Você está conseguindo acompanhar meu raciocínio? Quando penso em produção, estou pensando em tudo o que posso fazer com meu tempo. Eu amo dormir. Se entre uma coisa e outra eu tiver a possibilidade de descansar dormindo por uma hora, por que não deveria fazê-lo? Dormir é algo que todos nós precisamos fazer e eu amo. Estou produzindo. No fundo, para mim produção é tudo o que me dá alguma coisa, seja dinheiro ou satisfação. Me dá retorno. Tudo o que não me dá retorno ou dá muito pouco, considero "não produção". Isso nos leva a pensar: tudo é mensurável? Podemos traduzir tudo em números? Dinheiro, número de livros lidos, número de filmes assistidos, etc

Mas e o tempo de brincadeiras com seus filhos? Ou o tempo dedicado ao amor e ao romance? Ou mesmo o serviço voluntário gratuito que você presta em uma instituição? Podemos traduzir tudo isso em números? A resposta a essa pergunta, acredito eu, é sim. Mas precisa ter uma medida própria. Eu uso simplesmente uma escala de 0-100. Ou seja, em cada momento coloco as coisas da seguinte forma: -Neste momento, quanto eu sinto vontade de brincar com meu filho? -Neste momento, quanto eu sinto vontade de sair com minha esposa? Cada uma das atividades possíveis é hierarquizada pela vontade que sinto naquele momento.

Atualmente, brincar com meu filho pode valer 95% do meu tempo e energia em um determinado momento, mas no dia seguinte, à mesma hora, esse valor pode diminuir para 60% devido a fatores como cansaço ou preocupações. O valor dessas atividades é sempre relacionado ao momento e é naturalmente muito volátil. Não é preciso anotar tudo isso, essas avaliações são mentais. As únicas atividades que anoto são aquelas que são obrigatórias para não esquecer.

Por exemplo, uma peça de teatro que estará em cena na minha cidade daqui a 3 meses. Eu gostaria muito de assistir, mas se eu não anotar na minha lista de tarefas, provavelmente esquecerei dela. Eu tenho minhas próprias preferências e objetivos de vida, que foram se adaptando ao longo do tempo. Tento ser o mais feliz possível cumprindo as tarefas e atividades diárias que preciso realizar. Sou como sou.

Eu sou eu, nem bom nem mau. Não permito que me digam o que devo ou não fazer ou que o que eu faço não tem lógica. Cada pessoa se desenvolveu em uma sociedade específica, exposta a estímulos externos e internos, cultura e valores diferentes, e passou por muitas situações que afetaram sua forma de pensar, agir e se relacionar com os outros. Você é como é.

Nem bom nem mau, nem melhor nem pior, você é você. Cada indivíduo estabelece objetivos a curto e longo prazo em diferentes momentos da vida, e ninguém deve julgar ou opinar sobre os objetivos de outra pessoa. Por exemplo, não devemos avaliar se um vizinho fez bem ou mal em gastar todo o dinheiro poupado durante o ano em uma viagem ao redor do mundo. Se esse era o objetivo do vizinho e ele está feliz com isso, então está tudo bem. Pode ser tentador achar que nossos próprios objetivos de vida são os melhores, mas cada pessoa é única e deve seguir seus próprios caminhos.

Para algumas pessoas, ter uma carreira profissional bem-sucedida, chegando ao topo de várias empresas e ganhando muito dinheiro pode ser o ideal, enquanto para outros, nada é melhor do que abraçar seus filhos todas as noites e ler uma história antes de dormir. Ainda há aqueles que sentiriam falta de sair com amigos todos os sábados à noite para aproveitar a "febre de sábado à noite". Cada indivíduo tem suas próprias prioridades e o que é importante para uma pessoa pode não ser para outra.

A produção é tudo o que podemos fazer com o nosso tempo e que consideramos valioso. A produtividade é a capacidade de produzir mais (e melhor) em menos tempo. Por exemplo, se precisamos terminar um relatório para ganhar dinheiro e também queremos ver um jogo de futebol da nossa equipa, podemos aumentar a nossa produtividade para conseguir ter tempo suficiente para ambas as atividades. A produção pode incluir atividades que nos trazem prazer e satisfação, como ler livros, ver séries de TV, praticar exercício físico, etc. A chave é identificar os nossos objetivos e trabalhar de forma a produzir mais em menos tempo para atingi-los e tornar a nossa vida mais feliz.

tempo

Você está familiarizado com o conceito de "produção" e como ele se relaciona com a "produtividade"? Se não estiver, sugiro que leia o capítulo anterior, pois é fundamental para entender o resto do livro. Se já leu sobre produção e produtividade, basta agora ler sobre tempo. Confesso que havia planejado uma introdução mais filosófica e científica para este capítulo sobre o tempo, mas concluí que os leitores deste livro estão mais interessados em ser produtivos e refletir sobre isso, e não em se perder em teorias abstratas, física aplicada ou relatividade. O que é importante lembrar é que o relógio não para, cada dia tem 24 horas e o tempo não volta atrás.

Todos nós temos as mesmas 24 horas por dia, então por que alguns dizem que "não têm tempo para nada" enquanto outros conseguem fazer tudo o que precisam? Por que alguns se deitam com a sensação de terem feito tudo o que tinham que fazer, enquanto outros ficam se sentindo como se tivessem deixado coisas importantes de lado? E o mais estranho, por que às vezes 5 minutos parecem uma eternidade, enquanto em outras situações parecem passar em um piscar de olhos?

Tudo são percepções, mas ninguém duvida que os relógios andam sempre na mesma velocidade. Há várias teorias tentando explicar esse fenômeno, mas eu acredito em uma que faz mais sentido: é o chamado "estado de fluxo" ou simplesmente FLOW (fluir).

FLOW

O conceito de FLOW foi desenvolvido pelo psicólogo Mihály Csikszentmihalyi, professor da Universidade de Chicago, na década de 70 para explicar esses momentos máximos de foco e imersão em uma atividade. Ou seja, quando alguém está no estado de Flow, o tempo parece passar muito devagar e a mente fica completamente absorvida naquela tarefa, ignorando tudo o mais. Tudo o que a mente sabe é que estamos fazendo algo muito bom e que somos capazes de fazê-lo, e aparentemente estamos desconectados da realidade, mas ao mesmo tempo completamente conscientes e presentes. De acordo com os estudos do Csikszentmihalyi, a relação entre as "habilidades" e os "desafios" de cada indivíduo em relação a uma atividade determina o seu estado de espírito, incluindo o estado de FLOW. Existem outros estados que são uma combinação de diferentes níveis de habilidades e desafios, como Tédio, Relaxamento, Controlo, Excitação, Ansiedade, Preocupação e Apatia. Quando temos uma atividade desafiadora e sentimos que temos as habilidades para superá-la, facilmente atingimos o estado de FLOW. É fácil imaginar um músico completamente absorvido na sua partitura ou um pintor envolvido em sua paleta de cores e telas por horas a fio, às vezes sem comer, sem beber e ignorando as necessidades básicas do corpo, só para continuar fazendo algo tão prazeroso. A parte mais interessante dos estudos do Csikszentmihalyi é que todos nós podemos atingir o estado de Flow, basta fazer o que gostamos e nos prepararmos para isso. Isso é ser feliz.

Vamos a um exemplo: um jovem de 21 anos acaba de se formar em engenharia mecânica e tem muita experiência trabalhando na oficina de reparação de carros do seu pai. Depois de se formar, ajuda o pai a gerenciar o negócio da oficina e sabe tudo sobre o que há por baixo do capô de cada carro e como gerenciar uma oficina. No entanto, ele vai e vem da oficina para casa e vice-versa todos os dias em uma rotina infinita. Os dias parecem não passar. O que falta a esse jovem para se sentir feliz? Aparentemente, ele tem tudo para ser feliz, então por que os dias parecem tão longos?

Se você pensou em novos desafios, acertou em cheio. É isso mesmo, faltam coisas novas para fazer. Sem comprometer a sua subsistência, é importante se impor novas metas. Por que não ampliar a área da oficina? Por que não oferecer novos serviços? Por que não abrir uma nova oficina em outra região? Por que não criar um franchising? Assim, você atingirá o estado de controlo e logo em seguida o estado de Flow.

Você entendeu como funciona? Repare, cada um de nós não precisa ficar necessariamente no mesmo estado o tempo todo. Durante as 24 horas do dia, alternamos entre diferentes estados de acordo com a atividade que estamos realizando e o retorno que essa atividade nos traz. Como o Dr. Mihály diz em sua palestra no TED Talk, "até mesmo assistir televisão pode nos colocar no estado de FLOW, se for um programa que queremos muito ver e se as expectativas forem correspondidas ou superadas".

Você pode estar pensando: "Se preciso atingir o estado de Flow o maior número de vezes possível para ser feliz, então vou passar meus dias na praia". Claro que não! Como já dissemos, cada um de nós tem objetivos de vida diferentes, construídos a partir de sensações inatas, experiências vividas, cultura ambiente, pressões morais, etc. Também sabemos que precisamos existir e viver para sermos felizes. Para viver, precisamos garantir uma forma de subsistência, geralmente trabalhando. Acredito que, garantindo essa subsistência, você pode passar o resto dos seus dias na praia e atingir o estado de Flow diariamente, mas não se esqueça de que, com o passar do tempo, o que hoje é um "novo" desafio pode se tornar um desafio "velho" e você facilmente atingirá o estado de relaxamento na praia.

Bem, agora que entendemos o conceito de FLOW, vamos voltar ao nosso objetivo: entender como devemos usar o tempo, as 24 horas que temos todos os dias.

Nosso recurso "tempo" é limitado, então precisamos usá-lo sabiamente, assim como qualquer outro recurso limitado. Seguindo esse raciocínio até o final, precisamos aceitar que para sermos mais felizes precisamos garantir que nossas necessidades básicas são atendidas primeiro. Isso varia muito de pessoa para pessoa. Enquanto algumas pessoas consideram ter comida e um teto sobre a cabeça como suas necessidades básicas, outras incluem coisas como internet de banda larga e cobertura 4G na área onde moram. Não é surpreendente que os países mais desenvolvidos já considerem a internet como um serviço público fundamental, assim como a eletricidade, água, saneamento e tratamento de água. Portanto, precisamos garantir nossa subsistência trabalhando para pagar tudo o que precisamos. Para isso, quanto tempo precisamos trabalhar por dia? 8 horas? 10 horas? 3 horas? A resposta vai depender de você. Se você é como a maioria das pessoas, trabalha para outra empresa e dedica obrigatoriamente 8 horas por dia a ela. No final do mês, você recebe seu salário, que considera adequado para atender às suas necessidades básicas. Você consegue pagar o aluguel, pagar as prestações do carro e todas as suas despesas, comprar toda a comida de que precisa, tem TV por assinatura e internet. Você se considera satisfeito. Neste caso, sabemos que já estão sendo utilizadas 8 das 24 horas do dia.

Agora, quanto tempo precisa para dormir e recarregar suas energias? 8 horas? Vamos considerar mais 8 horas obrigatoriamente utilizadas todos os dias. Isso nos deixa com 16 das 24 horas já usadas, ou seja, 2/3. O que fazer com as outras 8 horas? Vamos continuar cortando, desta vez em pequenas fatias. Quantas horas você precisa para se deslocar para o trabalho? Vamos considerar 1 hora para ir e outra para voltar. Total, mais 2 horas consumidas. Restam 6 horas. Mas espere, todo mundo janta, certo? Vamos colocar mais 1 hora para isso? E há também o cuidado pessoal, mais 1 hora. Isso nos deixa com 4 horas disponíveis. O que você faz com essas 4 horas? Você se dedica a um passatempo? Assiste a séries de TV? Acompanha novelas? Revisa todas as suas redes sociais? Vai à academia? Ou aproveita e adianta algum trabalho da empresa?

Antes eu disse que o meu objetivo era mostrar que, quando nos tornamos mais produtivos, temos mais tempo livre. O que fazemos com esse tempo extra é com cada um. Você pode usá-lo para descansar, o que é ótimo, ou pode usá-lo trabalhando ainda mais, o que também é ótimo se isso te deixar feliz. Você é daquelas pessoas que fica com inveja dos amigos quando eles contam sobre suas aventuras na academia, no cinema, no parque, em jantares com amigos ou em esportes radicais, enquanto você não tem nenhuma história para contar porque simplesmente não sabe como usou o seu tempo livre? O que você produziu com esse tempo livre? Se você quer, faça! Como veremos mais adiante, o primeiro passo para agir é marcar. Então, você quer passar um final de semana diferente com a família na montanha? Marque já esse final de semana, preferencialmente faça a reserva já. Comprometa-se. Você gostaria de andar de bicicleta todos os dias? Mas você já tem uma bicicleta? Se não tem, compre uma, enquanto não a comprar com certeza não conseguirá andar nela. Se você tem, tire-a do suporte, limpe-a e marque já o dia em que começará esse passeio. Comprometa-se.

Por que algumas pessoas têm vidas tão cheias e a sua parece tão monótona? A explicação geralmente é muito óbvia. Você caiu na rotina do dia-a-dia e parece que tudo já tem um horário pré-definido e você tem as mãos atadas e não pode fazer nada a respeito. Mas eu tenho uma ótima notícia para você! Se você já identificou que o seu problema é esse, eu tenho a solução. É simples e fácil de implementar. Vamos supor que você adora ir ao cinema e ao teatro, quer correr de novo para recuperar a sua forma física e quer compartilhar suas experiências com o mundo criando um blog. Mas logo de cara você joga a toalha e diz que não tem tempo para essas coisas... Se você quer ser mais produtivo, vai precisar mudar a forma como olha para esses problemas. Comece sempre do princípio de que vai ter tempo para tudo o que quer fazer. Como veremos em outro capítulo, haverá um momento em que deixaremos de ser mais produtivos, atingiremos o máximo. Mas seus objetivos ainda serão alcançados, apenas serão adiados. Afinal, os dias só têm 24 horas, certo? Você percebeu a ironia?

Voltando ao nosso problema, comece do princípio de que você tem tempo para tudo. Voltando ao exemplo que estamos seguindo, ainda tínhamos 4 horas disponíveis. Você jogou a toalha porque a rotina do dia-a-dia já ocupa todo o seu tempo e essas atividades parecem ser impossíveis de encaixar em dias superlotados. Vamos lá. Ir ao cinema, não é preciso ir todos os dias, certo? Você vai, por exemplo, na segunda-feira e quando houver uma peça de teatro que chame sua atenção, substitui o programa do cinema pelo do teatro. Está vendo? Já começamos bem. Correr. Para começar devagar, reserve 1 hora à terça-feira para fazê-lo, se a experiência estiver dando certo, aumente a carga para 2 horas ou reserve outro dia da semana para mais uma corrida. Você está vendo? É fácil. Faça esse mesmo processo para todas as suas atividades que quer fazer, até ter todo o seu tempo disponível de fato, totalmente ocupado. Agora sim, você está no caminho certo. Está sendo mais produtivo do que era.

Neste ponto, pode parecer que há algumas pontas soltas que precisam ser explicadas. No exemplo que dei, só mencionei algumas atividades que poderiam ser incluídas na sua rotina semanal. Você, sendo um leitor mais cético, pode estar pensando que os exemplos foram convenientemente escolhidos para que tudo resultasse na produtividade ótima. Ou melhor, o que você pode estar se perguntando e que, de fato, pode acontecer com muita gente é: "E se eu tiver muitas atividades para fazer? Se em vez de 3 tiver 20 atividades que adoraria fazer?". A resposta já foi dada anteriormente. Algumas dessas atividades não deixarão de existir, apenas terão que ser adiadas. E como escolher quais serão adiadas? Fazemos o que abordamos no capítulo "ser feliz e produtivo", atribuímos uma porcentagem de valor a cada atividade e naturalmente escolhemos primeiro as que nos proporcionam mais retorno e adiamos as restantes. Mas não jogue essas ideias no lixo, anote-as e guarde-as na "gaveta".

Resumindo: Para sermos mais produtivos, precisamos ocupar o nosso tempo disponível com atividades de alto valor individual, de tal forma que, ao executá-las, o retorno seja tão alto que entramos em um estado em que não sentimos o tempo passar.

Neste capítulo, nos concentramos em nosso tempo disponível e o que devemos fazer com ele. Mas devemos assumir que todo o outro tempo é intocável? Não é intocável, mas devemos ser muito cuidadosos quando pensamos em alterar essas rotinas. É possível alterar esse cenário? Sim, é possível. É possível deixar esse emprego e procurar um melhor ou até trabalhar por conta própria, mas é necessário calcular, minimizar e assumir todos os riscos associados a essa mudança. É "apenas" a forma como satisfazemos nossas necessidades mais básicas, então precisamos ter muito cuidado. Mas por que devemos alterar um cenário em que já estamos confortáveis? Para responder a isso, convido você a refletir sobre o valor do tempo. Qual é o valor do seu tempo? Já pensou nisso?

hacks e dicas

Chegou o momento em que você precisa escolher entre a pílula azul e a pílula vermelha. Quando falamos em melhorar a produtividade, não existe uma "bala de prata", uma solução ideal que serve para todos. Há milhões de soluções para melhorarmos a produtividade de cada um. Cada um de nós tem a sua "melhor solução". É mais evidente perceber que, ao longo da nossa vida, a nossa "melhor solução" também vai variando, ajustando-se às nossas necessidades ou, até mesmo, quebrando radicalmente e sendo descartada enquanto adotamos uma nova filosofia e novas técnicas. No meu dia a dia, eu uso vários aplicativos móveis e software que me ajudam a colocar em prática o método e os fluxos de trabalho que uso. Há milhares de aplicativos disponíveis para comprar e usar, e eu, claro, tenho os meus favoritos e é com eles que trabalho. Eu decidi, neste livro, não identificar claramente os nomes dos aplicativos que uso. Faço isso porque os troco com frequência em busca daquele que melhor se adapta a mim. São pequenas batalhas a serem travadas em busca da melhor solução do momento. Eu não revelo os nomes desses aplicativos no livro, mas terei todo o prazer em falar sobre eles em outros meios que teremos à nossa disposição para nos comunicar, seja através das redes sociais, *email* ou *site*.

Agora vamos ver a descrição de algumas técnicas que eu uso e que sempre tenho presente no meu dia a dia. Imagine que você tem à sua disposição uma cozinha magnífica, cheia de utensílios e completamente equipada. Eu só vou apresentar a você todos os ingredientes que uso. Depois disso, você terá que criar sua própria receita. Você vai usar esses ingredientes, esses utensílios, essas panelas e essas ferramentas. Eu vou explicar os conceitos, a lógica de uso e como os uso na minha vida.

Pronto para fazer a sua melhor receita de todos os tempos?

vida sem papel

Lembra-se da época em que digitalizar algo era um grande evento? Ah, como aqueles dias ficaram para trás! Hoje em dia, é tão fácil transformar um documento em bits e bytes que até mesmo eu, um antigo colecionador de papel, consegui eliminar quase todo o papel da minha vida. Às vezes, eu até esqueço que tenho uma impressora em casa. Se você ainda não pensou nisso e não sabe como é possível viver sem papel, aqui vai uma dica: basta pegar o seu *smartphone* com câmera e começar a digitalizar tudo o que achar importante. Em questão de segundos, você terá uma versão digitalizada de alta qualidade do seu documento, pronta para ser compartilhada com qualquer outro aparelho.

Eu já fui um colecionador de papel e guardava tudo, desde contas até bilhetes de cinema e *flyers* promocionais. Mas agora, graças à tecnologia, eu posso ter tudo isso armazenado digitalmente e acessível a qualquer momento.

Lembra daquele monte de papel que você tinha em casa e que nunca sabia o que fazer com ele? Eu também passava por isso, mas um dia decidi me livrar de tudo aquilo. Fiquei horas tentando selecionar o que era realmente importante, mas na maioria das vezes acabava desistindo e optando por algo mais prazeroso. No final, acabei me desfazendo de todo aquele "lixo valioso" e, apesar de às vezes sentir falta de revisitar algumas relíquias perdidas para sempre, nunca me arrependi da decisão. Hoje em dia, com a internet acessível quase 24h por dia, não há mais necessidade de guardar toda a informação relevante em papel. A maior parte das coisas interessantes estão online e uma rápida pesquisa no Google pode encontrar o que você está procurando. Além disso, eu digitalizo e armazeno online tudo o que acho relevante. Eu até cheguei ao exagero de digitalizar recibos de um simples café, mas com o tempo aprendi a ter uma postura mais equilibrada. No entanto, eu ainda tenho versões digitalizadas de contas de TV a cabo, telefone, água, luz e gás, contas de restaurante, impostos, multas, cartas de banco, extractos bancários, transações bancárias, artigos de jornal, artigos de blogs, *e-mail*s, documentos pessoais como currículo, cartão de cidadão, documentos do carro, contratos, seguros e garantias.

Por que me esforço para digitalizar todos os meus "papeis"? Bem, primeiramente, isso me permite ter um escritório arejado, limpo e organizado, sem ocupar muito espaço com documentos físicos. Só guardo os documentos que são obrigatórios por lei e mesmo assim, eles têm um espaço pequeno no meu armário de documentos. Além disso, armazenar as minhas digitalizações num sistema de *backup* na nuvem me dá a segurança de que toda a informação nunca será perdida. Se algo der errado, eu sempre posso recuperá-la. E o melhor de tudo, é que eu posso ter acesso instantâneo a todos os meus documentos, basta um *smartphone*, *tablet* ou computador. Isso já me ajudou a resolver problemas na hora e evitar perda de tempo em viagens e filas. E se você estiver em uma consulta médica de rotina e o médico perguntar se você trouxe suas últimas análises para que ele possa fazer um diagnóstico mais preciso, basta acessar os seus arquivos digitais através de um *smartphone* e encontrar facilmente o documento que você precisa, mesmo entre milhares de outros arquivos. E graças aos serviços online de armazenamento de informação, fazer uma busca poderosa por termos é fácil e rápido. Imagine que você está numa consulta médica e o médico pergunta se você tem suas últimas análises. Em vez de ficar procurando em sua pasta ou na sua casa, basta pegar o seu *smartphone* e dizer que tem as análises em menos de um minuto. Ou então, você está no banco abrindo uma nova conta e eles pedem sua certidão de casamento. E você pode simplesmente dizer que tem no seu telefone. Essas situações acontecem várias vezes em outros lugares e, com todos os meus documentos digitalizados, eu estou sempre pronto para responder. Isso me economiza muito tempo em viagens desnecessárias e me permite resolver meus problemas na hora. Além disso, a busca por termos é otimizada e eu posso encontrar facilmente a informação que preciso em meus documentos digitalizados. Quando começo a usar essa filosofia e vejo que posso resolver problemas rapidamente, fico encantado e quero digitalizar cada vez mais documentos.

Ao adotar essa filosofia, é como se você tivesse uma luz brilhante iluminando sua vida e uma forte vontade de digitalizar tudo o que você possui. Após alguns meses, você chega à conclusão de que não consegue viver sem ter seus documentos sempre à mão. O processo é fácil e rápido: em menos de 30 segundos, uma folha de papel pode ser convertida em um arquivo *PDF*, o que leva menos tempo do que pegar a folha, perfurá-la e arquivá-la. Às vezes, até mesmo esquecemos de fazê-lo, acumulando pilhas de papel na escrivaninha. Além disso, muitas empresas preferem comunicar com seus clientes por *e-mail*, enviando faturas, promoções e extrato bancário já em formato digital, o que nos poupa trabalho na hora de arquivar.

agenda

As agendas são usadas há muitos anos e, por isso, não há nenhuma novidade quanto à sua existência. No entanto, parece que as agendas são muito associadas ao trabalho e não são utilizadas para atividades pessoais. Se você está lendo este livro desde o início, percebeu que suas 24 horas do dia servem para buscar seu bem-estar. Por isso, é importante ter seus dias organizados de forma a controlar os tempos e evitar que alguma tarefa seja deixada de lado. Eu tenho minha agenda, é onde eu reservo tempo para quase todas minhas atividades, é onde me obrigo a fazer coisas, é onde planejo meus dias e noites. Hoje em dia é uma das minhas ferramentas favoritas, mas só começou a ser depois de sentir que começava a deixar de ser dono do meu tempo. Quando nos envolvemos em muitos projetos ao mesmo tempo é fácil perdermos dia após dia em algumas tarefas, deixando outras igualmente importantes em segundo plano. Para mim foi importante começar a definir dia, hora e duração para todas as minhas atividades. No início, levava tudo muito a sério.

Na minha experiência, a agenda é como um roteiro do dia ou da semana, que pode ser adaptado de acordo com o contexto do momento e a necessidade de improvisar. Ela funciona como a estrutura principal do meu dia. Quando vejo alguém tirando uma agenda em papel da bolsa para anotar coisas, fico meio confuso. Com toda a tecnologia que temos hoje em dia, não entendo como ainda existem pessoas usando ferramentas quase obsoletas, como agendas em papel. Para mim, a agenda tem de ser digital e na nuvem, assim como todas as outras ferramentas. Não tenho muita paciência para justificativas sobre o uso de métodos ultrapassados. Talvez seja porque tenho muito o que fazer.

Quando vejo alguém perto de mim usando uma agenda em papel, tento mostrar os benefícios da versão digital e como ela pode aumentar a produtividade. A justificação mais comum para o uso de uma agenda em papel é o conforto que os velhos hábitos nos dão. Mas eu costumo dizer: "Então por que você ainda anda de carro? As pessoas sempre andaram de carroça ou a pé". Acho crucial que todos que querem ser competitivos na vida estejam sempre atentos ao desenvolvimento de novas tecnologias e métodos de trabalho. Pode não parecer, mas essas mudanças podem ter grandes repercussões a longo prazo. É comum ver profissionais com décadas de experiência em diversas áreas ficarem retidos no passado enquanto colegas mais jovens continuam com sucesso, demonstrando estar acompanhando a evolução dos tempos. E falando de novo de agendas...

Eu uso uma agenda digital porque:

- **Sempre está comigo.** Desde 1998 que estou acostumado a andar com um celular e, nos últimos anos, nele carrego muitas ferramentas que preciso para ser produtivo. A agenda não é diferente: ela está no meu *smartphone*, no meu *tablet*, no meu *notebook* e, se precisar, em qualquer computador que tenha acesso.
- **É limpa e organizada.** Quando registro ou altero alguma atividade, não preciso de uma caneta e não rasuro as "folhas" da minha agenda. Ela sempre tem um aspecto limpo que permite uma leitura rápida e clara. Em uma agenda de papel, às vezes, com palavras escritas à mão, rasuradas e riscadas, a leitura é difícil e pode levar a mal-entendidos e perda de tempo.

- **Está sempre acessível.** Quando preciso da minha agenda, basta tirar o *smartphone* do bolso ou, se já estiver trabalhando no *Desktop*, consultá-la lá mesmo. E qualquer alteração que eu faça em um aparelho é atualizada instantaneamente em todos os outros. É o milagre das nuvens.
- **Permite pesquisar por eventos.** Quando quero programar um dia específico ou consultá-lo, é fácil: basta ir até esse dia e ver o que está marcado. Mas e se você quiser saber em quais dias reservou aqueles bilhetes de avião que comprou há vários meses? Em uma agenda tradicional, teria que folhear toda a agenda até encontrar esses eventos. E mesmo assim, teria certeza de que encontrou todos? E se você reservou apenas dois dias ou aproveitou e reservou três? Em uma agenda digital, basta pesquisar por um termo comum, como "avião", e ela mostrará instantaneamente todos os eventos correspondentes. É uma funcionalidade que poucas pessoas usam, mas que pode ser muito útil, principalmente se você estiver preso a hábitos antigos.
- **Multiplicidade:** Acho que tenho mais agendas do que amigos. É uma espécie de superpoder, só que em vez de ter força sobre-humana ou poder voar, tenho a habilidade de me manter organizado em várias áreas da minha vida. Tenho uma agenda de trabalho, uma outra pessoal e até mesmo uma que partilho com o meu filho de 13 anos. E isso não é tudo! Também tenho as agendas públicas, como os eventos do *Facebook* e da minha equipe de futebol americano favorita. É como se eu tivesse uma visão 360 graus da minha vida, o que facilita muito a programação e o planejamento.
- **Partilha:** Você sabe o que é melhor do que ter uma agenda? Ter duas agendas! Eu divido uma com meu filho e outra com minha equipe de trabalho. É como se tivéssemos uma sincronização telepática - assim que eu adiciono um compromisso, meu filho já sabe. E quando ele adiciona um compromisso, eu sou notificado automaticamente. Ah, e é claro que também é útil para evitar aqueles "esquecimentos" que às

vezes acontecem. E eu também posso compartilhar minha agenda com meus colegas de trabalho, o que significa que não precisamos perder tempo mandando mensagens uns para os outros perguntando sobre a disponibilidade de cada um para uma reunião. É como se tivéssemos um superpoder de comunicação e organização - e vamos ser sinceros, às vezes a marcação de uma reunião pode ser mais demorada do que a própria reunião.

- **Agendas publicas:** Agendas públicas são como o sonho de todo o organizado! É como se eu pudesse ter acesso a todos os eventos e compromissos que eu quisesse, sem precisar ficar pesquisando online ou perguntando aos meus amigos. Por exemplo, eu sou fã de futebol americano e gosto de acompanhar os jogos da minha equipe favorita. Então, eu simplesmente me inscrevo em uma agenda pública com todos os jogos da minha equipe e pronto! Toda vez que eu verifico minha agenda, eu já tenho a informação sobre quando os jogos serão. É uma ótima maneira de economizar tempo e garantir que eu não perca nenhum evento importante. E o melhor de tudo é que eu também posso integrar com os eventos do *Facebook*, então se eu mostrar interesse em um evento, ele aparece automaticamente em minha agenda. Agendas de papel? Pfft, isso é coisa do passado. Hoje em dia, tudo o que precisamos está a um clique de distância.
- **Avisos e lembretes:** Nunca mais esqueça um compromisso importante graças às notificações da sua agenda digital! É como ter um gnomo virtual amarrado ao seu pulso, gritando lembretes a plenos pulmões sempre que houver um evento importante se aproximando. E não se preocupe em perder o gnomo, ele é virtual! Além disso, ser pontual é a chave para o sucesso na vida. É a forma de mostrar aos outros que você é confiável e respeitoso. Então, deixe o cordel de lado e ative as notificações da sua agenda digital para nunca mais chegar atrasado a uma reunião importante.
- **Rapidez:** Já cansou de gastar horas e horas tentando organizar seus compromissos recorrentes na sua agenda de

papel? Com uma agenda digital, essa tarefa é tão simples quanto o juiz bater o martelo para encerrar uma audiência! Bastam alguns cliques para definir a regra de repetição e deixar o sistema fazer o trabalho por você. Além disso, dedicar alguns minutos do seu dia para organizar a sua agenda pode parecer um contrassenso, mas na verdade é uma forma de maximizar a sua produtividade. Sem uma agenda, corre o risco de esquecer compromissos importantes, desperdiçar tempo com deslocamentos desnecessários e reduzir a sua eficiência. Além disso, ter tudo planejado de antemão ajuda a lutar contra a procrastinação e a manter o foco nas tarefas prioritárias, mesmo as mais chatas. Então, deixe o papel de lado e adote uma agenda digital para ser mais rápido, mais produtivo e menos propenso a erros.

- **Secretária Virtual:** Ei, você sabia que se você tem um *smartphone*, provavelmente tem uma secretária virtual? Bem, a tecnologia ainda não chegou ao nível de *Jarvis*, mas ainda assim pode nos ajudar a ser mais produtivos. A secretária virtual pode ser usada de forma passiva, apenas executando comandos de voz, ou de forma ativa, oferecendo ajuda com base em *e-mails*, mensagens e chamadas telefônicas. Eu uso a minha secretária virtual para fazer chamadas e marcar eventos na minha agenda, especialmente quando estou ocupado ou preciso de minha atenção em outra tarefa. No entanto, ainda não confio totalmente na minha secretária virtual devido a problemas de interpretação ou comunicação com ela, especialmente quando uso o idioma português de Portugal. Ainda assim, gosto de ter a opção de usar uma secretária virtual, especialmente quando estou dirigindo e preciso anotar alguma ideia ou informação. Com uma agenda de papel, seria muito mais difícil fazer isso. Mas pelo menos eu ainda posso usar a velha desculpa "foi a secretária virtual que errou".

lista de tarefas

Eu organizo e planejo tudo através da minha lista de tarefas, que é a minha principal "caixa de entrada". Isso significa que todas as novas ideias, tarefas ou compromissos são adicionados lá. Existem vários métodos de produtividade que usam este sistema. Eu normalmente adiciono tudo o que tenho que fazer na categoria "mais tarde e não agora". Pode parecer básico, mas depois de experimentar alguns métodos de produtividade, eu percebi que tudo o que registro para fazer realmente precisa ser feito "mais tarde e não agora". Quando preciso executar uma tarefa, sigo a regra de que se leva menos de 2 minutos ou eu não estou disponível para fazê-la no momento, termino-a imediatamente e não a registro. Então, quando adiciono algo no sistema, é obrigatoriamente para ser feito mais tarde. Está fazendo sentido?

Geralmente, adiciono tudo o que me vem à mente, como ideias, tarefas e compromissos, à minha "*inbox*" (uma lista de tarefas provisória). No entanto, é este o objetivo de uma lista de tarefas?

A lista de tarefas é basicamente um conjunto de listas de tarefas que são divididas por temas, contextos, localizações, etc. Cada pessoa deve criar seu próprio método e ferramentas. Eu uso poucas listas de tarefas, apenas dividindo-as em "pessoal", "trabalho" e "compras". Cada um dos meus projetos pessoais também tem sua própria lista dedicada, como por exemplo, este livro.

As listas "pessoal" e "trabalho" são tipo listas gerais de tarefas que armazenam tarefas que não se encaixam em nenhuma outra lista. No entanto, tento manter o número de listas o mais curto possível. Na verdade, houve um tempo em que, tentando seguir rigorosamente os passos de outros métodos, criei muitas listas específicas e acabei tendo dezenas delas para organizar. Isso consumiu mais tempo do que economizei. Com a experiência, comecei a restringir o número de listas e cheguei à configuração atual.

No momento, só quero ter uma visão geral do que tenho a fazer, me concentrando em determinados temas. Se você nunca usou uma lista de tarefas em seu sistema de organização e não sabe o que é, explico. Uma lista de tarefas é simplesmente uma coleção de tarefas que você quer fazer. Você registra o que quer fazer e marca o que já concluiu. É como uma lista de compras. Você começa escrevendo coisas como leite, pão, detergente, arroz, batata, carne, peixe, etc. Quando começa a fazer compras, vai riscando o que coloca no carrinho até concluir a lista e garantir que não esqueceu de nada. No meu caso, tenho uma mesmo uma lista de compras partilhada com a minha esposa. Assim, vamos adicionando itens que faltam na despensa, cada um com o seu dispositivo.

Para mim, a lista de tarefas é o começo de todo o meu sistema de organização. Como disse antes, sempre que me lembro de algo que preciso fazer, registro na minha lista de tarefas para tratá-lo mais tarde. A minha lista de tarefas serve para eu não me esquecer de resolver esses assuntos. Todos podemos estar ocupados com qualquer coisa, mas nosso cérebro não para. Ele sempre está viajando e nos distraindo com coisas que não são o nosso foco no momento.

Mas vamos esquecer essa ideia? Claro que não. Pelo menos, não devemos. Quando penso nisso, lembro-me sempre da caricatura de um músico ou escritor que acorda no meio da noite e escreve imediatamente a parte da música ou história que acabou de sonhar para não esquecê-la. É um pouco assim. Quando tenho uma ideia ou uma lembrança, tento registrá-la imediatamente, e faço isso na minha lista de tarefas ou na minha caixa de entrada. Nosso cérebro teve muito trabalho para se lembrar de tudo, então por que deixaríamos essas ideias e lembranças escaparem?

Por isso, registro tudo. Não precisa estar tudo bem escrito, bem explicado e limpo. Pelo contrário, a principal função é não esquecer, então às vezes escrevo com erros de digitação ou com breves palavras que me remetem ao pensamento que tive. Dessa forma, posso detalhar a tarefa com calma mais tarde. Quando se trata de registrar uma ação futura, tudo vale. Se estou lendo um email que precisa de análise mais cuidadosa, envio para a minha lista de tarefas. Se li um cabeçalho de uma notícia que me interessou e quero ler mais sobre ela mais tarde, encaminho para a lista de tarefas. Se vejo algum problema físico na minha frente, tiro uma foto e envio para a minha lista de tarefas, etc.

O processo de registro também é otimizado para aumentar a produtividade. Por exemplo, se vejo um artigo que parece interessante enquanto rolo a minha linha do tempo no *Facebook* e quero ler mais tarde com mais detalhes, não vou registrar escrevendo isso na minha lista de tarefas de entrada. Em vez disso, encaminho esse *link* para uma nova tarefa.

Dessa forma, economizo tempo com a simplicidade da ação, o que me motiva a continuar registrando, pois posso continuar fazendo o que estava fazendo sem perder o foco, neste caso, rolar a *timeline* do *Facebook*. Quando finalmente for tratar da tarefa, já tenho o *link* do artigo à minha frente e posso lê-lo imediatamente. Isso é produtividade. O que normalmente acontece nesses casos, se uma pessoa não seguir um sistema semelhante ao meu? As pessoas só leem o cabeçalho e mais tarde se lembram de ter visto um artigo sobre algum assunto, mas não adquirem esse conhecimento.

Eu chamo isso de uma falsa informação. Convencemo-nos de que estamos bem informados porque prestamos atenção às novidades, mas, na verdade, apenas de maneira superficial. Isso também acontece porque os próprios editores de veículos de comunicação, com o objetivo de chamar a atenção dos leitores e gerar cliques e vendas, fazem cabeçalhos híbridos e sensacionalistas que geralmente não transmitem a ideia central do artigo.

Como fui ganhando controle sobre minhas listas de tarefas, comecei a evoluir na complexidade delas e na forma de trabalhar com elas. Não se assuste com o termo "complexidade", apenas comecei a usar novos recursos à medida que me senti mais confortável. Dependendo da aplicação que você escolher para ajudá-lo com um sistema de listas de tarefas, além do simples registro, pode ter várias funcionalidades que são beneficiárias por si só.

Atribuir uma data para a realização das tarefas é a funcionalidade mais simples e talvez a mais importante. É a forma de organizar as tarefas no calendário.

Atribuir uma data para concluir as tarefas. Quando estabeleço uma data para concluir uma tarefa, não atribuo um caráter definitivo imediato. Serve apenas para distribuir minhas tarefas pelo calendário. Naturalmente, tarefas que devem ser concluídas em um curto prazo têm uma data de conclusão mais definitiva, enquanto tarefas com prazos mais longos têm uma data mais flexível. Por exemplo, sei que preciso fazer a inspeção anual do meu carro. Registro essa tarefa nos primeiros dias do mês da inspeção todos os anos. Como o prazo final para conclusão é até o final desse mês, sou lembrado dessa tarefa no início do mês e tenho um mês inteiro para escolher uma data para realizá-la: "Desde que comecei a seguir este sistema, nunca mais esqueci de cumprir obrigações legais como essa."

Algumas tarefas têm prazos para serem concluídas, como obrigações legais como a inspeção anual do carro, entrega da declaração anual de impostos, declarações mensais de segurança social ou declarações mensais e trimestrais de IVA. Outras tarefas, relacionadas a um projeto, também podem ter prazos para serem cumpridas para evitar atrasos no projeto. Por exemplo, para começar a andar de bicicleta no início da primavera, é preciso mandar a bicicleta para manutenção antes da data desejada.

Sem cumprir os prazos, é possível que não se alcance o objetivo final. Alguns projetos são mais complexos e é importante levar em consideração os prazos de conclusão para evitar atrasos e insatisfação. Quando o sistema me alerta sobre uma tarefa com base na data que defini, verifico qual o prazo final para concluí-la e escolho a melhor data para marcá-la como concluída na minha lista.

Criar lembretes para tarefas com base em uma data e hora é importante para não esquecer o que precisa ser feito. Eu raramente preciso usar essa funcionalidade porque reviso minhas tarefas todos os dias e nunca esqueço nada. No entanto, no começo, é importante definir esses lembretes para confiar no sistema e saber que podemos relaxar porque ele vai nos lembrar das coisas importantes. Então, quando estiver registrando uma tarefa e definindo a data de execução, também adicione um lembrete para que o sistema te avise naquele dia que a tarefa precisa ser realizada. E pronto! Não vai mais ter desculpas para esquecer as coisas!

Criar lembretes para tarefas com base em uma localização é incrível e poucas pessoas sabem disso. É fácil encontrar aplicativos móveis com essa funcionalidade e é muito útil para mim. É útil para quando você pensa "não é urgente, quando passar por lá, farei isso" ou "não posso me esquecer de fazer isso assim que chegar lá" ou "quando sair daqui, tenho que fazer isso imediatamente". Confuso? É fácil. Usamos esse recurso quando a tarefa está mais relacionada a um lugar do que a um momento. Por exemplo, você precisa comprar algo no supermercado, mas não precisa ir lá apenas para isso. É possível definir um alerta e, quando estiver perto do supermercado, ser notificado. Legal, né? Agora você nunca mais vai se esquecer de comprar aquele pão fresquinho no mercado!

Um outro exemplo que eu uso com frequência é quando chego em casa e percebo que meu carro está com pouco combustível. Registro imediatamente a tarefa de encher o tanque assim que sair de casa. No dia seguinte, independentemente da hora, sou alertado sobre essa tarefa e nunca mais me esqueço de fazê-la. Algumas das aplicações mais populares para *smartphones* usam a localização fornecida pelo GPS, mas existe uma tecnologia ainda pouco conhecida que oferece uma localização ainda mais precisa: os *iBeacons*. São pequenos dispositivos de baixo consumo de energia que conseguem se comunicar com os *smartphones* via *Bluetooth*. Na prática, seu *smartphone* sabe que você está, por exemplo, na cozinha ou na garagem, porque há um *iBeacon* estrategicamente posicionado lá.

Usar etiquetas ou contextos ajuda a organizar as tarefas e a não se perder na avalanche de informações. Se você conhece contabilidade analítica, pode comparar esses contextos a centros de custo. As etiquetas ou contextos são categorias pré-definidas por nós para facilitar o agrupamento por temas, localizações, ferramentas de trabalho, pessoas, etc. Depois, usando filtros, é possível ver apenas as tarefas que fazem sentido no momento. Por exemplo, podemos considerar os seguintes contextos: Casa, Trabalho, Chefe, *Desktop*, Projeto A, Projeto B, Projeto C. Quando criar uma tarefa para ser realizada em casa (fazer o jantar, trocar a lâmpada do quarto, etc.), pode definir, por exemplo, o contexto "Casa". Assim, quando estiver em casa, pode filtrar suas tarefas e ver apenas as que precisa fazer naquele ambiente.

Assim, quando estiver em outro contexto, essa tarefa não aparecerá na lista, evitando "ruído". Quando chegar em casa, pode usar o filtro para ver apenas as tarefas com o contexto "Casa". Quando há muitas tarefas, esse recurso é fundamental para deixar as informações mais limpas e claras. Por exemplo, imagine que você tem vários assuntos a discutir com seu chefe sobre vários projetos, mas na reunião semanal foi acordado que só falariam sobre o Projeto A. Na reunião, pode filtrar todas as tarefas pelo contexto "Projeto A" e assim tudo o mais desaparecerá e você poderá se concentrar apenas no que é importante naquele contexto.

Como mencionei anteriormente, usar contextos e filtros é crucial quando o número de tarefas aumenta. Se não usarmos contextos e filtros, o que seria uma organização fácil se tornaria desorganizado e confuso. De que adianta mostrar sua longa lista de tarefas do trabalho quando chegar em casa?

Integração com outras aplicações é um dos principais recursos de qualquer sistema de produtividade. Digitar o que precisa ser feito é a forma mais comum de registrar tarefas, mas existem várias aplicações de gerenciamento de tarefas que podem se integrar com outras aplicações para tornar o registro mais rápido. Por exemplo, geralmente um email recebido significa uma ação (exceto em casos em que o email é meramente informativo), ou seja, quando recebemos um email, normalmente precisamos realizar uma tarefa relacionada a ele. Usando uma aplicação que possui essa integração, é possível transformar esse email em uma tarefa e enviá-la para a caixa de entrada do gerenciador de tarefas. Depois, quando for organizar sua caixa de entrada, toda a informação do email estará lá e você poderá decidir quando executá-la, definir contextos, etc.

Outro exemplo que costumo ter é quando navego em *sites* e blogs procurando por determinados assuntos e encontro algo que quero ler em breve. Nesse caso, "transformo" o *link* desse *site* em uma tarefa de leitura. Também posso usar essa funcionalidade em conversas em aplicativos de mensagens instantâneas, quando alguém me pede para fazer algo. Dessa forma, essa tarefa nunca será esquecida. É muito importante verificar se o gerenciador de tarefas possui essas integrações, pois qualquer informação que recebemos pode ser uma "tarefa" e podemos economizar minutos valiosos no seu registro. Além disso, se o registro for simples e rápido, ganhamos ânimo para continuar fazendo isso. Por outro lado, se o registro for difícil, demorado ou complicado, perdemos a vontade de continuar. Se isso acontecer, todo o nosso sistema pode desmoronar.

Anexar documentos a um lembrete. Um dos principais benefícios de usar um gerenciador de tarefas é a capacidade de anexar documentos relevantes às suas tarefas. Isso pode ajudá-lo a iniciar suas atividades com menos esforço, pois tudo o que precisa está disponível imediatamente. Por exemplo, se você receber um *e-mail* solicitando um parecer sobre um determinado documento, pode encaminhar o *e-mail* para o seu gerenciador de tarefas e ele automaticamente criará uma nova tarefa com o documento anexado. Quando chegar a hora de trabalhar na tarefa, o gerenciador de tarefas não só o alertará, mas também colocará o documento disponível para leitura. Isso torna muito mais difícil adiar a realização da tarefa.

Anexar notas a um lembrete. Uma das vantagens de utilizar um gestor de tarefas é a possibilidade de anexar notas a cada uma das tarefas criadas. Isso pode ser muito útil, por exemplo, quando surgem ideias para novos projetos e é preciso anotá-las para não esquecer. Ao anexar essas notas à tarefa principal, é possível ter todas as ideias em um único local e, quando for o momento de organizar essa tarefa, transformá-la num projeto e as notas em tarefas desse projeto. Isso ajuda a manter a linha de pensamento e a não perder nenhuma ideia valiosa.

conhece-te a ti mesmo

Eu sempre gostei muito desta ideia de se conhecer a si mesmo antes de tentar compreender o mundo, e muitos acreditam que Sócrates foi um precursor desta linha de pensamento. Afinal, como nos conhecemos influencia diretamente como nos relacionamos com o mundo ao nosso redor. Portanto, é fundamental aprendermos sobre nós mesmos antes de enfrentarmos o mundo de frente... Neste pequeno trecho do livro, eu não quero abordar a profundidade filosófica deste tema. Apenas quero refletir um pouco com você sobre uma pequena parte deste universo todo. Quantos dias você leva para concluir as tarefas que se propõe a realizar? Quando eu comecei a experimentar diferentes sistemas de produtividade, eu me perdi várias vezes nesta questão. Quantas horas as tarefas que tenho a fazer duram? Especialmente quando estamos em um contexto que está dentro de nossa zona de conforto, é fácil cometer o erro de achar que dominamos tudo e que conhecemos cada atividade como se fosse a palma de nossas mãos. No entanto, a rotina está tão enraizada em nós que, às vezes, criamos percepções na nossa mente que nem sempre são precisas, o que nos leva a desvios que não conseguimos explicar. Isso aconteceu comigo. Já mencionamos que uma das tarefas diárias que tenho é a organização do dia seguinte. É durante esses 5-10 minutos que distribuo as tarefas registradas em minha agenda para o dia seguinte. No entanto, essa tarefa aparentemente simples só é fácil se conhecermos bem o tempo que cada tarefa leva. A conclusão de uma tarefa geralmente marca o início de outra. E se a primeira demorar mais do que o previsto, então a segunda começará mais tarde e é muito provável que toda a sua agenda fique atrasada. Seguindo esse raciocínio, podemos concluir que, no final do dia, provavelmente algumas tarefas não serão realizadas e a qualidade das que foram concluídas provavelmente não foi das melhores. É como aquela vez em que você foi ao médico e esperou uma hora a mais na sala de espera do consultório. Isso acontecia comigo todos os dias de consulta, até que eu deixei de ir a esse médico. Hoje eu vou a uma clínica onde se percebe que o respeito pelo tempo dos pacientes é levado em consideração. E, claro, mais importante ainda, o negócio está sendo gerido de forma racional.

Eu também tinha uma percepção bastante errada do tempo que eu gastava em cada tarefa. Por isso, era comum minha agenda ficar uma bagunça no meio do dia. Chegava até mesmo a ficar desanimado quando era obrigado a cancelar alguma tarefa para cumprir o horário de algum evento. Cheguei a questionar o sucesso do sistema que estava usando naquela época. Com o passar do tempo, percebi que era eu mesmo que estava sabotando meu próprio sistema. Cinco minutos de erro em cada tarefa podem significar um caos na agenda. Já parou para pensar nisso? Eu já. A solução para este problema foi saber exatamente quanto tempo eu levava em cada tarefa. Então, comecei a registrar o tempo de cada tarefa. Não posso dizer que foi agradável, porque era notório o tempo perdido e principalmente o "stress" de não me esquecer de ligar e desligar o cronômetro e registrar o tempo de cada tarefa. Felizmente, hoje existem aplicativos para *smartphones* que nos permitem fazer isso em muito menos tempo.

Acredite em mim, se você já começou a usar o seu sistema, pare. Pare e dedique alguns dias a este assunto. O melhor a fazer é mesmo conhecer suas tarefas para saber quanto tempo levam para serem executadas. O objetivo principal é reduzir ao mínimo o erro na fase de planejamento.

Como é fácil de entender, há tarefas que podem sofrer atrasos, isso acontece muitas vezes. Mas é importante saber quanto tempo é necessário para essa tarefa ser concluída em condições normais. Dessa forma, quando estivermos planejando nosso dia, vamos usar os tempos padrão e não aquilo que achamos que deve ser. Por exemplo, se a tarefa leva 35 minutos, então não leva "mais ou menos meia hora". É sobre essas certezas que vamos construir nosso dia e fazer algumas adaptações, se necessário. Mas pelo menos, partimos de uma base objetiva e não de uma percepção que normalmente está errada. Como já mencionamos anteriormente, nossa percepção do tempo varia de acordo com a atenção e o foco que damos a cada tarefa e a satisfação imediata que estamos obtendo. Quantas vezes dizemos que uma determinada coisa vai levar "apenas 10 minutinhos" e a concluímos passados mais de 30 minutos? Isso não quer dizer que estamos mentindo, mas o que acontece é que, com base em experiências anteriores, percebemos que aquela atividade levou apenas 10 minutos, mas na verdade sempre levou mais de 30 minutos.

Para fazermos este registro, existem diversas aplicações. Depois de instalada, basta abri-la, criar o número de tarefas que desejar e sempre que iniciar ou concluir alguma tarefa, clicar nela. O cronômetro começará a rodar e registrará automaticamente o tempo de duração de cada tarefa. Claro que este exercício não será para sempre. Deve durar o tempo necessário para que se tenha um número considerável de registros e se chegue a conclusões. Cada pessoa terá de analisar seu próprio caso. Normalmente, faço isso por 15 dias. Fico com 15 registros de tarefas diárias. As outras tarefas avaliarei se o tempo converge para um certo número ou se, ao contrário, apresenta registros muito diferentes. Nesses casos, continuarei registrando apenas essas tarefas até chegar a uma conclusão.

Provavelmente, você está se perguntando por que eu ainda faço esses registros. Como sabemos, todos nós desenvolvemos competências ao longo da vida. Às vezes, porque nos dedicamos ao estudo mais aprofundado de uma determinada área; outras vezes, porque a repetição nos tornou mais ágeis, tanto fisicamente quanto mentalmente, etc. Além disso, também podemos perder competências por falta de uso ou treinamento. Esses ganhos e perdas de competências nos tornam mais ou menos ágeis e, portanto, as tarefas que antes demoravam determinado tempo agora podem demorar mais ou menos para serem concluídas. Isso acontece com todo mundo. Um carpinteiro no início de sua carreira levará mais tempo para pregar cinco pregos do que agora, depois de 20 anos de experiência. Ou um dentista tratando a raiz de um dente. Ou até mesmo um escritor digitando seu livro em um computador. Por essa razão, uma vez por ano faço esses registros por 15 dias. É uma forma de atualizar minha matriz de tempos. Eu sei que pode parecer uma perda de tempo, mas acredite, é um investimento que retornará em pouco tempo com uma bela "taxa de juros".

Sempre que tento explicar a importância de registar a duração das tarefas para meus amigos, eles ficam perplexos e pedem uma explicação. "Mas existem algumas tarefas que duram o tempo que eu quero... Qual é a necessidade de registar isso? Elas sempre vão durar o tempo que eu quiser...". Essas tarefas podem incluir coisas como escrever um livro, passear no parque, ir à discoteca, ler um livro, ouvir música ou fazer contabilidade, por exemplo. São tarefas que levarão o tempo que o realizador quiser gastar nelas. É óbvio que para essas tarefas não precisamos fazer o registo da sua duração.

lembretes

Lembrete é como chamamos as notificações que configuramos em nossos dispositivos para lembrar de alguns eventos ou tarefas importantes. Eles são como guardiões da nossa produtividade, como se fossem uma equipe de segurança interna. São como aqueles caras dos filmes que ficam vigiando as câmeras de segurança, mas ao invés de vigiar o prédio, eles vigiam nossa agenda e lista de tarefas. Existem tarefas que podem ser adiadas ou trocadas com outras durante o dia, mas outras que são tão importantes que precisamos de um lembrete para não esquecermos, como reuniões e consultas médicas. E graças à tecnologia, agora temos a opção de configurar lembretes com base na localização e não apenas na hora. Isso é como ter um *personal trainer* que te lembra de ir à academia quando você estiver passando perto dela. Lembre-se, lembretes são seus melhores amigos para aumentar a sua produtividade.

Exemplos:

"Antes de sair de casa, vou me lembrar de abastecer o tanque do carro para não ficar preso na estrada sem combustível."

"Ao sair do trabalho, vou passar na padaria para comprar um pão delicioso para levar para casa e evitar o velho e fiel "pão de forma" que temos na despensa."

"Assim que chegar ao trabalho, vou conversar rapidamente com o chefe sobre aquele assunto importante, para não esquecer e deixá-lo pendente."

"Quando estiver perto da farmácia, vou me lembrar de comprar soro fisiológico, pois o que temos em casa já acabou.

É engraçado como usamos alarmes desde que somos crianças, como para acordar de manhã, mas quando se trata de usá-los para lembrar de tarefas importantes, pode parecer que estamos agindo como crianças de volta. Mas, a verdade é que os alarmes sincronizados com as tarefas podem ser a diferença entre realizar uma tarefa a tempo ou não. Por exemplo, o que adianta me lembrar de encher o tanque do carro quando já passei pela área de serviço? E agora? Volto para trás? Paro na próxima área de serviço? Mas lá é bastante mais caro!!! Aaargh, terei que fazer isso... já estou irritado. Por que me esqueci disso? Coisas simples como essa podem arruinar o resto do dia, sua produtividade e sua felicidade. A solução é fácil, basta um pequeno lembrete e você não esquecerá de nada importante.

Quando se trata de gerenciamento de produtividade, é preciso encontrar um equilíbrio entre rigor e flexibilidade. Então, nunca seja preguiçoso, tanto durante a fase de adaptação quanto durante o uso regular. Nunca deixe de criar um lembrete quando sabe que é importante. Se você não o fizer, será o primeiro passo para esquecer de executar aquela tarefa. É um pequeno hábito que deve ser desenvolvido para aumentar sua produtividade, então divirta-se e use seus alarmes!

Há algum tempo, eu precisei ser alertado sempre que estivesse sol e calor para realizar uma tarefa. Eu procurei por um software que já tivesse pensado nesse tipo de lembrete, mas infelizmente não achei. Mas eu não desisti. Eu aumentei minha busca e encontrei uma solução. Eu combinei minha necessidade com um pouco de automação e alcancei meu objetivo muito satisfatoriamente. Usando um serviço gratuito disponível na internet, consegui que essa tarefa fosse adicionada à minha lista de tarefas e que eu fosse notificado pelo meu *smartphone* quando estivesse sol e calor. Problema resolvido.

E você também pode fazer coisas semelhantes quando estiver em situações semelhantes. Chegará o dia em que cada *smartphone* ou *wearable* terá nossa secretária virtual sempre atenta ao que estamos fazendo, ela descobrirá padrões e criará tarefas antes mesmo de percebermos. Como quando decidimos ir ao cabeleireiro? Normalmente, quando olhamos no espelho e percebemos que é hora de cuidar dos nossos cabelos, certo? Alguma vez percebeu se há algum padrão nessa decisão? Como é o intervalo entre as visitas ao cabeleireiro? Com essa secretária virtual, ela perceberá qual é o intervalo médio entre as visitas e sugerirá novas visitas. Isso é para onde estamos evoluindo e você não pode ficar para trás.

Outro exemplo é em questão de saúde. Hoje em dia, os *smartphones* e *wearable*s são capazes de coletar diversas informações sobre nosso organismo e como ele se comporta no dia a dia, de forma não invasiva e sem que você perceba. Eles conseguem saber sua frequência cardíaca, sua temperatura, seu nível de sedentarismo, seu nível de sono e descanso. E todos os dias estão inventando novas formas de coletar mais dados e colocar esses sensores nos nossos aparelhos. Tudo isso é combinado com informações sobre o clima, eletrodomésticos e seu carro. São centenas de dados que fazem parte de uma mega base de dados, que assim pode encontrar padrões e relações entre dados e produzir resultados. Tudo isso para que sua secretária virtual sugira uma consulta médica antes mesmo de você sentir algum tipo de sintoma. Isso não é ficção científica, já estamos vivendo isso.

Enquanto essa realidade ainda está em sua fase inicial e ainda não está acessível a todos, vamos usar as ferramentas disponíveis. Por exemplo, quando for ao médico ou dentista para um check-up, pergunte se eles oferecem algum tipo de lembrete automatizado para futuras visitas. Essa é a direção para onde estamos caminhando e é uma boa maneira de aproveitar essa tecnologia já disponível e tornar a sua vida mais fácil e produtiva.

Em resumo, utilizar lembretes automatizados pode ser uma ótima maneira de aumentar a produtividade e não esquecer de tarefas importantes. Com a evolução da tecnologia, estamos vendo cada vez mais possibilidades para automatizar esses lembretes e tornar nossas vidas mais fáceis. Então, aproveite essa tecnologia já disponível e crie sua própria secretária virtual para ajudá-lo a ser mais eficiente e organizado.

telefone

Imagine-se a tentar terminar uma tarefa importante, com o foco e a concentração em alta, quando, de repente, o seu telefone toca. E não é qualquer toque, é aquele do seu chefe, da sua mãe, do seu amigo que quer marcar um encontro. De repente, toda a sua energia e motivação desvanecem-se e você tem de lidar com algo que poderia esperar. E é aí que o telefone se torna o inimigo número um da produtividade, levando-nos a distrações constantes e interrupções que podem ser evitadas.

Mas não é só isso, o telefone também pode ser um assassino da privacidade e do sossego, com as pessoas a ligarem sem avisar, sem pensar se o momento é oportuno ou não. É como se o telefone fosse uma invasão constante na nossa vida e na nossa paz interior.

É por isso que é importante estabelecer algumas regras e limites quando se trata do uso do telefone. Seja estabelecendo horários para não ser incomodado, desativando notificações de *apps* desnecessárias ou simplesmente ajustando as configurações de som e vibração. E, claro, lembre-se de avisar antes de ligar para alguém. Afinal, não gostamos de ser pegos de surpresa também. Então, vamos ser respeitosos uns com os outros e usar o telefone de forma consciente e produtiva.

O telefone é como aquela amiga que você tem desde o ensino médio, ela sempre esteve lá para você, mas depois ela começou a mudar e você não consegue mais reconhecê-la. A comunicação tornou-se mais rápida, negócios se aceleraram, e as pessoas se aproximaram, mas infelizmente, essa amiga começou a se tornar um incômodo. Com a chegada dos *smartphones* e da internet móvel, o telefone deixou de ser uma vantagem e passou a ser uma desvantagem na minha busca pela produtividade. Então, eu digo adeus ao telefone, e olá para minhas novas formas de comunicação moderna.

Tempo desperdiçado

Acredito que esteja sentindo uma sensação de confusão agora, mas vou tentar simplificar minha explicação sobre esse mistério. Hoje em dia, temos nosso bolso cheio de *e-mail*s, *chats*, *SMS* e aplicativos que permitem enviar e receber áudios se necessário. O que quero dizer com isso... Quando usamos o telefone, tanto em contextos profissionais quanto pessoais, sempre há uma certa etiqueta no começo da conversa, perguntando como está, preparando o terreno para o assunto real que motivou a necessidade desse telefonema. Assim, perdemos preciosos minutos de nossa produtividade sem obtermos qualquer retorno. O pior é que, em comunicações orais, as conversas se estendem por horas, às vezes falamos e voltamos a falar inúmeras vezes sobre o mesmo assunto, dando as mesmas opiniões e esclarecimentos. Às vezes, é para garantir que todos os envolvidos entendam o que foi dito e evitar equívocos. São horas perdidas. Comecei a perceber que em 2 telefonemas eu poderia ter perdido 1/8 do meu tempo disponível para realizar outras tarefas. Isso significa que a execução ficava em segundo plano, sufocada pelo tempo gasto falando. Com toda a tecnologia que temos à disposição, que se tornou comum, rapidamente enviamos uma mensagem instantânea e, se o nosso interlocutor estiver disponível, rapidamente recebemos uma resposta e nos livramos dessa tarefa, tendo concluído nossa "conversa" obrigatória.

A Interrupção, a História de um Homem e seu Telefone

Depois de ler uma tonelada de artigos sobre como se concentrar e ser produtivo, cheguei à conclusão de que meu telefone não só me rouba tempo, mas também me interrompe o tempo todo enquanto eu tento me concentrar. Isso ficou muito claro quando comecei a usar a técnica *Pomodoro* - você sabe, aquela em que você tenta se concentrar em uma tarefa por um período de tempo para fazê-la melhor e mais rápido. Mas não importa o quão concentrado eu estava, sempre havia alguém ligando para me interromper. Então, eu decidi que o telefone é apenas para emergências e mantive-o ligado. Mas quando as interrupções vêm de chamadas bobas ou que poderiam esperar, fico louco. Dependendo da pessoa, às vezes nem volto a ligação, só por protesto. E não vou nem falar sobre as pessoas que mandam uma mensagem e logo em seguida ligam perguntando se você recebeu. Isso é simplesmente falta de educação. A maioria das pessoas faz isso sem querer ser grosseira, mas mesmo assim, é grosseiro.

Eu sei que algumas pessoas podem achar que eu sou um tanto quanto radical, mas escutar o telefone tocar é como um ataque à minha produtividade. Eu prefiro desligar as notificações do telefone quando estou trabalhando duro, e só atendo chamadas de quem está na minha lista de contatos favoritos. Se alguém precisa me falar alguma coisa, eles vão ter que esperar até eu estar disponível. Não dá para ficar fazendo o contrário, com as pessoas achando que podem exigir a minha atenção só porque ligaram. O mundo deveria ser do jeito que eu quero: quem recebe a chamada tem o direito de não atender, e se quiser devolver a ligação, deve fazê-lo quando estiver pronto. E se a outra pessoa atender, é porque ela realmente quer falar comigo.

Eu sei que algumas pessoas vão dizer que eu sou um sonhador, mas às vezes é preciso ser firme. Como em tudo na vida, há momentos em que não dá para implementar esse meu método de ignorar as chamadas. Se eu sei que pode ser um cliente ou fornecedor importante ligando, eu tenho que estar de olho no telefone, é claro. E também tem aquelas situações de emergência, onde as pessoas não podem se dar ao luxo de ignorar uma chamada. Mas, em geral, eu prefiro as mensagens instantâneas. Elas são mais diretas e evitam aquele papo chato. E eu posso deixar a outra pessoa responder quando quiser. Eu me sinto bem em não ser intrusivo e tento convencer as outras pessoas a fazer o mesmo. E ainda ganho algo que o telefone não me dá, a prova de que a pessoa realmente me quer falar.

A Prova

Você já se sentiu no meio de um grande mal-entendido após uma chamada telefônica? "Eu não disse isso...", "eu disse aquilo", "não era isso que eu queria dizer". Bem, eu tenho a solução para esse problema: escreva tudo! Isso mesmo, escreva tudo. Assim, você pode pensar melhor na mensagem que está passando e, caso haja algum mal-entendido, a mensagem escrita pode ser consultada posteriormente para desfazer equívocos ou atribuir responsabilidades. E não se preocupe, eu não sou um maníaco por captação de informação, mas gosto de guardar informações importantes para mim, se não tiver custos adicionais. Eu sempre arquivo *e-mail*s e conversas "importantes", mesmo que provavelmente nunca os volte a ler. Mas sinto-me melhor sabendo que eles não se perderam. E você também pode fazer isso sem ter custos adicionais, graças às tecnologias *paperless*. E, quando acontece reler essas conversas ou *e-mail*s, é porque eu estou procurando por algo específico, e não por acaso. Existem já serviços que transcrevem voz para texto, mas ainda são caros e pretendem atingir mercados muito específicos. Mas não se preocupe, logo logo todos vão descobrir a utilidade disso.

Quando eu estou realmente focado em uma atividade e não quero ser interrompido, eu simplesmente ativo a opção "não incomodar" no meu *smartphone*. Assim, só se for realmente importante, meu *smartphone* vai tocar. A única desvantagem é que eu perco a informação de que alguém quer falar comigo.

Para finalizar este assunto (que eu sei que gera muita discussão), quero deixar claro que eu entendo perfeitamente que o telefone ainda é, e continuará sendo por muitos anos, um dos principais meios de comunicação. No entanto, eu começo a ver as gerações mais novas usando cada vez mais mensageiros instantâneos em vez do telefone. Será que o tempo provará que eu estou certo? Eu espero. Quando alguém me liga e eu acho que meu tempo está sendo desperdiçado com essa pessoa, especialmente porque existe um histórico de que essa pessoa gosta de passar o dia ao telefone, eu simplesmente não atendo e continuo na atividade que estava fazendo. Eu acho que seria muito mais confortável para todos se houvesse uma consciência coletiva que fizesse com que as chamadas telefônicas tivessem uma duração aceitável. Eu não quero encerrar o assunto sem reforçar a ideia de que eu entendo a utilidade do telefone, eu mesmo uso diariamente, no entanto, em uma hierarquia de opções, o telefone aparece talvez como 4ª opção, depois das outras terem falhado ou não serem aplicáveis.

Em comunicações gerais eu uso:

1. **Interação através de aplicativos de *smartphones* próprios**, quando existem, no caso de querer contatar uma empresa. Se a empresa se preocupou em desenhar e gastar recursos financeiros em um aplicativo, é provável que ela privilegie esse canal para se comunicar com terceiros.

2. **Mensageiros de texto instantâneos** - permite gerenciar minha atenção para aquela conversa e outra atividade. Da mesma forma, não invade o foco do meu interlocutor que também estará gerenciando a conversa. Permite a troca de imagens, vídeos e *emoticons* para ilustrar nosso raciocínio. E permite arquivar para uso futuro.

3. **E-mails** - É um canal mais antigo que ainda uso quando quero dar um toque mais formal à comunicação. Também permite arquivar para uso futuro.

4. **Telefone** - Quando tudo o mais falha, eu ligo.

5. **Cartas** - Apenas em casos muito específicos em que preciso de comprovação legal de recebimento da comunicação.

6. **Pombos-correio** - Nunca usei, mas nunca se sabe... só brincando, é claro! Mas, no geral, eu prefiro usar outros meios de comunicação antes

do telefone, só recorro a ele quando realmente necessário. E quem sabe, talvez no futuro, os pombos-correio voltem a ser moda (só brincando de novo, é claro).

prioridades

Ser feliz produtivo é encontrar a equação perfeita entre aproveitar a vida e cuidar de nossas necessidades básicas. É encontrar o equilíbrio perfeito entre se divertir e sobreviver. Se você é uma dessas pessoas sortudas que consegue conciliar essas duas coisas, parabéns! Eu estou invejoso.

Para alcançarmos esse equilíbrio, precisamos definir prioridades. É importante termos um propósito na vida e estabelecer metas para alcançá-las. Se você já passou dos 35 anos, provavelmente já percebeu que nossos objetivos e prioridades mudam ao longo da vida. Quando esses objetivos são alcançados ou mudam, precisamos estabelecer novos objetivos. O simples fato de trabalharmos para alcançá-los já nos dá uma satisfação diária. Mas onde entram as prioridades nisso tudo?

Se perguntarmos a uma criança o que ela quer para o Natal, ela provavelmente vai descrever mais de 100 brinquedos em 5 minutos. Para ela, tudo é possível. Por que não? Se posso escolher um brinquedo, por que não escolher 99? Às vezes nós nos comportamos assim também. Perdemo-nos em nossos sonhos e começamos a divagar: "Um dia vou comprar uma casa assim...", "Um dia vou comprar um carro assim...", "Um dia vou dar a volta ao mundo por um ano...", "Um dia vou deixar de trabalhar e só curtir a vida...", "Um dia vou ter 7 filhos...", "Um dia vou construir um canil para abrigar todos os cães abandonados..." e por aí vai. Sabemos que a vida nunca corre como queremos e que há muitos obstáculos que nos atrasam em nossa corrida atrás dos nossos sonhos. Por isso é importante definir prioridades. Não temos tempo para tudo o que queremos. Prioridades é encontrar o equilíbrio entre o que queremos ter agora e no futuro e o que podemos fazer para alcançar esses sonhos. É sobre escolher o que é realmente importante e se concentrar nisso, em vez de se dispersar com muitas coisas ao mesmo tempo.

Já ouviste falar no Princípio de Pareto? É como a lei da gravidade, só que para a tua vida: tudo se concentra nos 20%. Pareto, o cara que inventou essa teoria, descobriu que 80% das terras da Itália eram de 20% das pessoas, enquanto que os outros 80% das pessoas tinham apenas 20% das terras. E isso se aplica a tudo! 80% das facturações das empresas vêm de 20% dos clientes, 80% das descobertas científicas são feitas por 20% dos cientistas e 20% dos produtos de uma empresa geram 80% das vendas. Então, aqui está a solução para se tornar incrivelmente feliz: concentre-se nos 20% dos seus projetos e tarefas que geram 80% da sua felicidade. Faça uma lista de seus objetivos a longo prazo, dê-lhes uma pontuação de importância e escolha os 20% mais importantes para se concentrar. Pronto, agora você já sabe como alcançar 80% da felicidade com apenas 20% do esforço!

É como tentar cozinhar todos os pratos do menu de um restaurante ao mesmo tempo: vai ficar tudo meio sem graça e sem conteúdo. E é a mesma coisa com a nossa vida, só que o nosso ingrediente limitado é o tempo. Eu não gasto meu tempo com tudo o que é preciso. Eu me concentro em apenas 1/5 das coisas, porque são elas que me garantem 4/5 da minha felicidade. Outra coisa que eu faço é usar a Matriz de Eisenhower para decidir o que fazer com cada tarefa. Ela não é incompatível com o Princípio de Pareto e é ótima para organizar as minhas prioridades. Ela coloca cada tarefa em um quadrante com base na urgência e importância e me diz o que fazer com cada uma. Na maioria das vezes, acerto em cheio e tomo a melhor decisão possível.

Urgente | Importante - O que você está esperando? Comece já essa tarefa! É urgente, você tem um prazo a cumprir e a tarefa é tão importante que precisa ser feita agora.

Urgente | Não Importante - Está com pressa para essa tarefa? Delegue! Peça para alguém ou contrate um profissional fazer por você. Lembre-se do Princípio de Pareto, só precisamos nos concentrar em 20% das tarefas e essa provavelmente não está incluída.

Importante |Não Urgente - Se essa tarefa é importante para você, precisa ser feita, mas se há tarefas mais urgentes, não perca tempo com essa agora. Reserve algumas horas ou dias na sua agenda para se dedicar a ela.

Não Importante |Não Urgente - Não perca seu tempo pensando nisso, especialmente se sua agenda estiver cheia.

Resumindo, se a tarefa não é importante, descarte-a, delegue ou nem pense nela. Se for importante, comece já a fazê-la ou, se não for urgente, reserve tempo para fazê-la no futuro. Lembre-se, cada pessoa tem opiniões diferentes sobre a importância de cada tarefa. Para mim, cortar o cabelo é importante, mas não urgente, pode esperar 1 ou 2 semanas. No entanto, um vendedor provavelmente consideraria que cortar o cabelo é importante e urgente e por isso teria de fazê-lo imediatamente.

procrastinação

Procrastinação é como aquele amigo chatinho que sempre aparece quando você menos espera. É o pior inimigo da produtividade, mas nós todos somos viciados nisso. Não há cura, só tratamento. É a procrastinação. Ela é o ato de adiar tarefas simplesmente porque você não tem vontade de fazê-las no momento certo. Como é considerado normal, muitas vezes a subestimamos e não percebemos o quão danosa ela é para nossa produtividade. Procrastinar pode causar estresse, vergonha, perda de autoestima e culpa. Quando a procrastinação é ocasional, não há muito problema, mas quando ela se torna crônica e você adia constantemente todas as tarefas, pode ser sinal de problemas psicológicos e/ou fisiológicos. Nesse caso, é melhor procurar ajuda de um profissional. Vou me concentrar na procrastinação clássica, aquela que é atribuída à preguiça ou falta de vontade, mas lembre-se, as causas podem ser muito diferentes.

Vamos ser honestos, nós todos somos reis e rainhas da procrastinação. Dizer que não temos tempo para uma tarefa não é desculpa, porque isso não é o que procrastinação realmente é. Quando adiamos uma tarefa por outra mais importante, isso é chamado de priorizar, não procrastinar. Procrastinar é adiar uma tarefa porque simplesmente não temos vontade de fazê-la. Como eu já disse antes, eu não vou entrar em detalhes sobre as causas do problema, mas sim sobre como eu lidar com ele e como combatê-lo todos os dias. Conhecer esse problema e suas consequências é o primeiro passo para superá-lo.

Sun Tzu disse uma vez, "Se você conhece o seu inimigo e a si mesmo, não precisa temer o resultado de cem batalhas". Bem, a procrastinação é o meu inimigo e eu a conheço bem. É importante saber sobre ela, entender as razões e as consequências. O problema é que nós humanos temos dificuldade em priorizar recompensas futuras em vez de recompensas imediatas. É difícil imaginar a gente ganhando algo no futuro se podemos ganhar algo agora, mesmo que seja menos. Isso é o que acontece quando tentamos emagrecer e nos deparamos com um chocolate ou uma refeição gostosa. Sabemos que se fizermos a tarefa agora, seremos recompensados no futuro, mas se houver uma recompensa imediata, esquecemos tudo e optamos por ela. É por isso que a maioria dos estudantes só se esforça quando os exames estão chegando. Todo mundo faz isso. A melhor forma de lidar com isso é imaginar e visualizar a recompensa futura e tentar sentir a alegria da tarefa concluída. É uma maneira de enganar o cérebro e dar a ele a recompensa imediata que ele tanto quer.

Uma das principais causas da procrastinação é a própria procrastinação. É como um círculo vicioso: quanto mais se procrastina, mais se procrastina. E esse é o maior problema. Quando se procrastina, sente-se culpa e a autoestima diminui. Com a autoestima baixa, a mente se agarra facilmente ao pensamento "perdido por cem, perdido por mil" e procura imediatamente uma atividade que lhe dê uma recompensa imediata, procrastinando todas as outras tarefas importantes. Rapidamente, sentirá culpa novamente e o ciclo se repete até se tornar consciente do mal que está causando. Uma analogia que eu gosto de usar é a relação entre meu estado físico e dietas. Sabe quando se sente em forma ruim e a consciência começa a pesar depois de exagerar na comida? É exatamente como a procrastinação. Eu sei que preciso perder peso, comer melhor e ficar em forma, mas eu gosto muito de comer.

Comer algo gostoso me dá uma recompensa imediata mais rápida do que a recompensa futura de uma dieta. Então, assim que eu falho minha primeira refeição da dieta, entro em um ciclo de culpa, "perdido por cem, perdido por mil", volto a exagerar na comida, que me dá uma recompensa instantânea incrível e a culpa surge novamente. É como se eu estivesse em uma luta constante com minha procrastinação alimentar.

Não procrastinar a primeira vez

Como já mencionei anteriormente, cair no ciclo da procrastinação é fácil como cair de bêbado em cima de uma banana. Por isso, eu prefiro evitá-lo a todo custo. Para me manter longe dessa armadilha, eu uso um truque infalível: quando sinto vontade de deixar tudo para depois, eu simplesmente deixo tarefas sem importância para depois. Isso me permite "pecar" sem sentir culpa. Eu priorizo as tarefas importantes e deixo as menos importantes para serem adiadas. Assim, eu posso procrastinar sem prejudicar ninguém, inclusive eu mesmo. Se eu tenho um trabalho importante para entregar ou se meu filho precisa da minha ajuda, eu deixo a preguiça de lado e me concentro nessas tarefas até elas serem concluídas. E quando elas são concluídas... Ah, mas isso é uma história para outro dia.

Risque tarefas da sua lista

A lista de tarefas é como uma sopa de legumes: quanto mais tarefas você tira dela, mais saborosa ela fica. Então, vamos riscar tarefas da nossa lista! Ao terminar as tarefas, você vai se sentir muito melhor do que se tivesse deixado elas pendentes. Em vez de sentir culpa, você vai se sentir realizado e sua autoestima vai aumentar. Especialmente se a tarefa é importante ou difícil, terminá-la vai te deixar com uma sensação de vitória e te motivará durante todo o dia. E quando você se sente assim, entra em um ciclo positivo que te deixa mais produtivo e feliz.

Não deixe para o último dia

É mais fácil falar do que fazer. Quando temos uma tarefa com prazo, normalmente adiamos o seu início até o limite do prazo. Quem já frequentou a faculdade deve saber disso muito bem. Eles nos dão meses para fazer um trabalho e nós só começamos a trabalhar nele na última semana e entregamos no último dia. Eu nunca entendi como algumas pessoas conseguem trabalhar bem sob pressão, eu prefiro pensar, pesquisar, escrever, ler, reler, alterar, reler e só depois terminar. Quer dizer, eu prefiro usar todo o tempo disponível para garantir que tudo foi feito da melhor forma possível. Mas claro, errar é humano e eu também procrastino. No entanto, é importante ter consciência de que o tempo não para e o trabalho não se faz sozinho. Dessa forma, a procrastinação não se estende por muito tempo e as tarefas são realizadas.

Não se assuste com grandes tarefas

Elas são como um elefante: parecem assustadoras de longe, mas quando você começa a lidar com elas, é só dividi-las em partes menores. Quando temos uma tarefa grande, muitas vezes nos sentimos intimidados e não sabemos por onde começar. A melhor maneira de lidar com essas tarefas é dividi-las em tarefas menores. Steve Jobs sempre seguia essa filosofia, e eu também. Por exemplo, imagine um quarto de criança desarrumado. Se o quarto dos brinquedos do seu filho está uma bagunça, você e eu não temos vontade de começar a arrumá-lo. Então, por que não dividir em partes e ir terminando aos poucos? Primeiro, as gavetas, por exemplo. No dia seguinte, o armário. No outro, a escolha dos brinquedos quebrados que não serão mais usados. Dessa forma, fase a fase, ganhamos motivação para iniciar a próxima e a tarefa grande acaba sendo concluída rapidamente e sem estresse.

Coloque prazos apertados para as suas tarefas

Assim como um relógio suíço: precisos e eficientes. A Lei de Parkinson diz que "o trabalho se expande para preencher o tempo disponível para sua realização". Isso significa que, se você tem mais tempo disponível, você vai demorar mais para terminar uma tarefa. Mas, se você coloca um prazo apertado, você vai ser forçado a terminar a tarefa rapidamente. Eu gosto de aplicar essa técnica, especialmente em tarefas em que já sou experiente. Por exemplo, se eu costumava levar 30 minutos para concluir uma tarefa, agora eu coloco um prazo de 10 minutos e forço-me a terminar dentro desse tempo. Isso me ajuda a ser mais eficiente e a manter minhas habilidades afiadas. Resumindo, se eu não colocasse esses prazos apertados, eu continuaria levando 30 minutos para terminar a tarefa.

Comece a tarefa

É a melhor forma de combater a famosa Síndrome do Papel em Branco. Começar. Muitas vezes adiamos porque não sabemos como começar ou queremos começar de forma perfeita e fazer da tarefa a 8ª maravilha do mundo. Mas esquecemos que, depois de começarmos, podemos sempre revisar e fazer mudanças se necessário. Então, o truque para não procrastinar com essa desculpa é simplesmente começar. Talvez não seja a forma perfeita, mas podemos começar juntando as peças iniciais. Por exemplo, quando eu escrevi este livro, eu tinha muitas ideias na minha cabeça. Em momentos de reflexão ou quando usava alguma técnica, eu pensava em incluir algo no livro. Mas para começar, eu tive que organizar as ideias principais. A partir daí, fui adicionando, excluindo e reorganizando as ideias. Quando tive uma estrutura coerente, foi fácil começar a escrever. Se eu tivesse sentado com uma folha em branco para começar o capítulo 1, teria sido muito mais difícil.

questione tudo

Eu aprendi há algum tempo que a verdadeira sabedoria só vem com a idade, ou melhor, com a graduação. Antes disso, eu achava que tudo o que estava escrito nos livros era verdade absoluta e que eu só precisava decorar tudo. Mas, quando finalmente cheguei à universidade, comecei a questionar tudo e descobri que há muitos mitos e superstições que as pessoas vivem seguindo sem saber por quê. Por exemplo, ainda hoje muita gente acredita que é preciso esperar 3h30 após as refeições para tomar um banho quente e que não se deve beber água após comer um pêssego. Mas, essas coisas são tudo mentira! Então, minha dica é: questione tudo, principalmente as coisas que não fazem sentido lógico, e você viverá uma vida mais produtiva e feliz.

Havia uma vez uma empresa que tinha uma máquina muito especial. Ela parava de funcionar a cada 30 minutos sem razão aparente. Os operários, que eram poucos e já estavam lá há anos, só sabiam carregar no botão azul para a máquina voltar a funcionar. Ninguém sabia porque ela parava, era simplesmente assim. Um dia, entrou um novo operário e ele questionou a razão pela qual a máquina parava. Nenhum dos outros operários sabia responder, então ele foi falar com o patrão. O patrão também não sabia, então chamou um técnico externo. Em apenas 30 minutos, o técnico desligou o alarme que fazia a máquina parar e a partir daquele dia, ela nunca mais parou de funcionar. A moral da história? Não seja como os antigos operários, questione as coisas e não aceite 'porque sim' como resposta.

E eu, particularmente, sigo essa filosofia, sempre questionando e buscando formas de melhorar os processos. Não sou um robô, mas sempre que vejo algo que pode ser feito de forma mais eficiente, lá estou eu, consultando mapas online para encontrar a melhor rota.

Não me levem a mal, eu não passo o dia inteiro pensando em como melhorar tudo o que me rodeia, isso seria exaustivo. Mas, eu sou uma pessoa curiosa e gosto de entender porque as coisas são feitas de determinada maneira, e se há uma forma melhor de fazê-lo. É como quando você vai para uma cidade nova, escuta as instruções de como chegar ao seu destino, mas ainda assim, você consulta o mapa online para ter certeza que está seguindo a melhor rota. É assim que eu penso, sempre buscando a melhor maneira de fazer as coisas. E vocês sabem, às vezes a gente até consegue inventar a roda de novo, tipo aquela roda quadrada para skates, que foi uma grande revolução no mercado, mas que os investidores não acreditavam. Então, eu sempre digo, nunca se sabe quando alguém pode inventar a roda de novo, e é por isso que eu sempre estou aberto a novas ideias e formas de melhorar os processos.

Imagina se Napoleão Bonaparte tivesse visto um carro autônomo em 1789? Ele provavelmente teria achado que era algum tipo de mágica. Afinal, a carroça puxada por cavalos era o topo da tecnologia naquela época. Mas, como sabemos, a tecnologia evolui e hoje em dia já temos carros que dirigem sozinhos. É incrível como as coisas mudam, e é por isso que nunca devemos parar de pensar e tentar melhorar. Na nossa vida cotidiana, talvez não estejamos mudando o rumo da humanidade, mas podemos encontrar formas de fazer mais em menos tempo e melhorar a nossa própria vida.

Eu ouvi uma história tão incrível que pensei ser verdade, mas anos mais tarde descobri que era apenas um boato. Mas a moral da história é fantástica. É sobre como a NASA gastou milhões para inventar uma caneta que funcionasse no espaço. Era um grande problema, os astronautas precisavam escrever notas importantes e as canetas comuns não funcionavam devido à gravidade zero. Então eles gastaram milhões tentando encontrar uma solução. Do outro lado da corrida espacial estavam os soviéticos, e como eles resolveram esse problema? Com seu famoso pragmatismo, eles simplesmente deram um lápis comum para cada cosmonauta. Uma solução rápida, eficaz e barata. Eu sempre lembro dessa história como um dos melhores exemplos de como eu usei meus conhecimentos, questionei o status quo e criei uma solução para ser mais feliz e produtivo.

princípio de Peter

Você já ouviu falar do princípio de Peter? Eu li esse livro quando era jovem e ele sempre esteve presente em minha mente enquanto eu crescia. Basicamente, o cara (Laurence J. Peter) descobriu que as pessoas sobem na hierarquia de uma empresa mostrando sua competência, mas eventualmente chegam a um cargo onde não sobem mais porque são incompetentes nele. A promoção é a forma mais comum de recompensa, mas também é como as pessoas são punidas por serem incompetentes. Infelizmente, as empresas acabam acumulando trabalhadores incompetentes. Faz sentido, certo? Você faz um bom trabalho e é promovido, mas pode não ser capaz de lidar com as responsabilidades do novo cargo e então fica preso lá para sempre. Enfim, é basicamente como se as empresas estivessem cheias de incompetentes ou prestes a se tornarem incompetentes.

Pensando bem, a produtividade é tipo uma louca montanha-russa. Começamos como novatos cheios de energia e vontade de fazer coisas, mas eventualmente chegamos a um ponto onde não conseguimos mais ser produtivos, assim como no princípio de Peter. É como se fôssemos um trabalhador de 8 horas por dia, quanto mais produtivo você é, mais trabalho seu chefe te dá, e se você consegue fazer isso ainda mais rápido, então você vai ter mais trabalho ainda. Até que um dia você não consegue lidar com tudo isso e se torna incompetente e improdutivo. Isso me fez pensar se deveríamos valorizar o trabalho pelo tempo em vez de pelo trabalho realizado ou objetivos. Por exemplo, se você tem metas diárias e as cumpre antes do tempo, por que não deixar o trabalhador sair mais cedo? Isso não o motivaria a ser mais produtivo? Acho que isso explica porque tem tanta procrastinação por aí, tipo, você tem hora de chegar e hora de sair, então você faz o trabalho no tempo que tem.

Se você é o dono do seu próprio negócio, você tem a vantagem (ou desvantagem, dependendo da perspectiva) de ser o seu próprio chefe. Isso significa que você tem o poder de escolher entre ser mais feliz e produtivo ou ser tão produtivo que acaba se tornando infeliz. Todos esses gurus da produtividade vendem receitas mágicas para ganhar tempo no trabalho e se tornar um grande empresário de sucesso, mas eu acredito que o verdadeiro sucesso é ser feliz. Eu acredito que devemos ser produtivos para ter tempo para fazer as coisas que nos deixam felizes, mas mesmo essas coisas podem ser otimizadas para que possamos fazer ainda mais coisas e ser ainda mais felizes. Então, se você conseguir ser mais produtivo, use esse tempo extra para ser mais feliz.

o armário desarrumado

Na maioria dos casos, eu acredito que ser organizado é importante para ser produtivo, mas não é uma regra. Na verdade, eu uso uma estratégia que inclui um pouco de desorganização. Lembra-se da minha dica sobre vida sem papel? Eu digitalizo e armazeno tudo o que considero importante, tudo fica guardado em meus dispositivos móveis ou "semi-móveis". A maior parte dessa informação é armazenada em um grande armário, meu armário da desarrumação, que é o meu serviço de armazenamento de notas na nuvem. Você deve estar pensando que essa é mais uma das minhas contradições. Se eu estou falando sobre rotinas e organização, eu agora estou dizendo que, na verdade, minha fonte de organização é uma grande "desarrumação". É verdade, aparentemente o meu armário parece um caos, mas na verdade é um caos organizado. Já pensou na razão de termos (ou deveríamos ter) nossos documentos organizados? Tudo se resume a encontrá-los facilmente quando precisamos, concorda? Por isso, geralmente, temos nossos documentos ordenados por data, assunto ou ordem alfabética, devidamente etiquetados.

Tudo isso leva muito trabalho, consome muito do nosso tempo e não tem um retorno imediato. Por isso, cada vez mais, existe uma tendência de não cumprir essa tarefa. Talvez esses documentos não sejam mais necessários no futuro e aproveitamos essa desculpa para procrastinar infinitamente.

Então, como podemos ter nossa informação disponível e acessível sem perder tempo valioso? Com um armário "mágico" da desarrumação. O meu "segredo" é usar um serviço baseado na nuvem. Atualmente, existem várias empresas operando nesse mercado, mas duas se destacam. Eu comecei a usar um plano gratuito de um deles e depois de alguns meses, me tornei dependente dele. Hoje em dia, já não consigo imaginar minha vida sem essa ferramenta essencial. Agora, eu fui seduzido e estou pagando uma taxa anual para ter acesso a algumas funcionalidades extras. É incrível! Mas então, qual é esse serviço?

Então, o serviço é simplesmente carregar todas as informações relevantes que você tem. Como eu mencionei antes, no começo, eu tinha uma obsessão por ter o máximo de informações na nuvem. No entanto, existe informação que não vale a pena se preocupar em guardar. Não vale a pena perder 10 segundos da nossa vida para capturá-las. Com a informação na nuvem, podemos procurá-la e encontrá-la rapidamente a qualquer momento e em qualquer lugar. Mas a verdadeira mágica desse serviço é seu poder de busca. Parece magia, daquela feita com pó de perlimpimpim. Ele lê todas as palavras em todas as suas notas e as indexa. Todos os seus *PDF*s, todas as suas fotos, todos os seus textos, todos os seus documentos, tudo. Tudo é indexado. A próxima fronteira a ser ultrapassada nesse quesito é a interpretação das palavras em arquivos de áudio e vídeo. Mas já estamos perto. Com essa super indexação, sempre que eu procuro uma palavra ou frase, o serviço me mostra instantaneamente todas as minhas notas que contêm essa palavra ou frase, ordenadas por relevância. Normalmente, encontro o que quero nas primeiras 5 notas apresentadas. Outra forma de uso é usando uma extensão que funciona com o Google. Sempre que eu pesquiso algo no Google, o meu serviço de armazenamento de notas me lembra que tenho algumas notas que de alguma forma estão relacionadas com o que eu estou pesquisando no Google. Imagine ter um super cérebro que se lembra de todos os *sites* que você visitou e achou interessante, de todos os *e-mail*s que você trocou com alguém, de todas as contas de água, eletricidade, TV a cabo, etc. que você pagou. Até se lembra onde você comeu aquela francesinha que amou e nunca mais queria esquecer. Um dia, minha mãe me disse que sua memória já não era mais o que era antes e que ela se esquecia de muita coisa e desabafou que daria tudo para ter um cérebro melhor. Minha resposta imediata foi: use um serviço de armazenamento de notas.

Eu sei que pode parecer estranho e até mesmo um pouco louco guardar tanta informação, mas acredite, já me salvou de muitos problemas e me ajudou a encontrar informações valiosas em momentos inesperados. Eu posso encontrar facilmente um documento importante que precisei há anos, uma receita de bolo que gostei muito, ou até mesmo uma lista de presentes de Natal que fiz há muitos anos. Eu posso rir de minhas antigas anotações e ver como eu era há alguns anos. Além disso, eu posso ver como minhas ideias e pensamentos evoluíram ao longo dos anos. Eu realmente acredito que este serviço é uma ferramenta essencial para qualquer pessoa que deseja ser mais organizada e produtiva, sem perder a capacidade de se divertir e se lembrar dos bons momentos. Então, se você está cansado de perder informações importantes e quer se tornar um super cérebro, experimente um serviço de armazenamento de notas na nuvem e veja como sua vida pode mudar para melhor!

Eu sou o *Superman* dos organizadores de arquivos, ou talvez o *Batman* da busca rápida. Eu não preciso de etiquetas, pastas, ou qualquer outra forma de organização tradicional. Para mim, é tudo uma redundância que só me faz perder tempo. Mesmo com minha "bagunça" de arquivos, eu encontro tudo o que preciso instantaneamente. E como eu não perco tempo procurando informação, isso me motiva a armazenar ainda mais. Eu simplesmente tiro uma foto com meu *smartphone*, uso uma *app* específica e pronto, a nota está armazenada na nuvem. E isso não se limita apenas a fotos, eu também armazeno informações através de *e-mail*s, *site*s, integrações com outras aplicações e até mesmo automação. Ficou curioso sobre essa minha super memória? Então siga-me nas redes sociais para saber mais sobre ela.

automação

"Bem-vindos à Era da Inteligência Artificial (IA), onde as pessoas discutem se ela existe ou não, e se sim, quando ela vai chegar. Eu digo, a IA é como o Yeti ou o Big Foot, todo mundo fala dela, mas ninguém a viu ainda. Alguns especialistas dizem que ela já existe, outros dizem que ainda estamos esperando. O que é certo é que estamos trabalhando duro para desenvolvê-la e os avanços são surpreendentes. Talvez daqui a alguns anos possamos dizer que finalmente encontramos a IA. Mas enquanto isso não acontece, vamos nos concentrar no que temos hoje." – isto seria um texto que podia ter sido escrito nos últimos anos. Hoje em dia a IA está a bombar...

Automação e Inteligência artificial estão de mãos dadas, mais do que nunca.

Existem vários tipos de automação e podemos usá-los em vários aspectos da nossa vida para poupar tempo e ser mais produtivos. Um dia, eu estava precisando criar uma lista de *e-mail*s para apresentar meu novo projeto para empresas. Por sorte, encontrei um documento público em *PDF* com milhares de entidades relacionadas ao meu negócio. A ideia era extrair todos os *e-mail*s desse documento para minha lista de *e-mail*s.

Agora, se você ainda não está pensando em automação e produtividade, provavelmente começaria a copiar *e-mail* por *e-mail* para uma lista, certo? Pelo menos foi a sugestão que ouvi. Mas eu perdi apenas 10 minutos procurando no Google por uma ferramenta que fizesse isso automaticamente e encontrei. O programa fez exatamente isso, rodou por cerca de 3 minutos e extraiu cerca de 7000 *e-mail*s para minha lista. Consegue imaginar quanto tempo levaria para copiar 7000 *e-mail*s manualmente? E sem erros? Isso é automação. Para usar a automação no meu dia a dia, preciso saber que existe uma maneira de fazer isso. Às vezes, eu não sei se existe uma ferramenta, mas como é a primeira coisa que vem à minha mente quando preciso fazer algo trabalhoso, eu procuro e, normalmente, alguém já teve a mesma necessidade e inventou uma ferramenta para fazer isso automaticamente. Vivemos em dias incríveis na inovação tecnológica e a "Internet das Coisas" está conectando todos os objetos mais banais. É o primeiro passo para alcançarmos um nível superior de automação. Enquanto esses dias não chegam, eu uso o que tenho disponível. Já falei sobre como uso lembretes. Isso é uma forma de automação. Mas a automação é muito mais do que isso, eu uso muito, mas gostaria de usar muito mais.

Exemplo, o comprovante do banco. Sempre que possível, eu faço todos os meus pagamentos através de transferência bancária e quando são pagamentos recorrentes, eu uso débito automático. É uma forma de eu pagar contas sem perder tempo e ainda fico com um registro. Para completar o processo, eu configurei meu banco para me enviar por *e-mail* um aviso/comprovante sempre que cada transação é feita. O objetivo é ter em meu arquivo pessoal os comprovantes de todos os pagamentos. Com certeza você já percebeu a economia de tempo e tranquilidade mental que esse processo me garante. Mas a história não termina com a recepção do *e-mail*. Eu preciso arquivá-lo junto com minhas notas na nuvem. Eu poderia fazer isso manualmente, levaria 5 segundos. Mas por que eu devo fazer isso se posso não fazer? Eu só precisava fazer uma configuração simples no meu serviço de *e-mail*: sempre que receber um *e-mail* do endereço do banco com o assunto "comprovante", então reenvia para minhas notas na nuvem e apaga esse *e-mail*. Assim, eu tenho todos os meus comprovantes arquivados sem precisar pensar nisso.

Eu uso a função de reenvio de *e-mails* para minhas notas com frequência, eu tenho dezenas de configurações que encaminham *e-mails* que gostaria de arquivar para leitura posterior, mas que não quero perder tempo com eles no momento da recepção.

Se você é usuário do YouTube, você sabe que pode se inscrever em um canal e ser notificado sempre que novos vídeos são publicados. Eu tenho 2 ou 3 canais que eu gosto muito de assistir, então quando um novo vídeo sai, eu quero vê-lo o mais rápido possível. Então, eu configurei esses canais para me notificarem via *e-mail* sempre que um novo vídeo é publicado. Mas para mim, isso não é suficiente. É possível melhorar a automação. Então, sempre que recebo um *e-mail* me notificando que há um novo vídeo, meu serviço de *e-mail* reencaminha para meu gerenciador de tarefas. Está acompanhando? Eu nunca vejo o *e-mail*, porque quando a tarefa é criada, o *e-mail* é apagado da minha caixa de entrada. Quando vou ver minhas tarefas, tenho a surpresa maravilhosa de saber que tenho um vídeo para assistir. Então, cabe a mim assistir imediatamente, agendar para assistir em outro horário ou até mesmo arquivar se o assunto não me interessar. Isso é o que eu chamo de automação de alta performance. Não só eu poupo tempo, mas também tenho mais controle sobre o que quero assistir e quando quero assistir. E tudo isso sem precisar lembrar de fazer manualmente. Essa é a verdadeira beleza da automação, tornar nossas vidas mais fáceis e menos estressantes. Então, se você quer ser um mestre da automação, comece a explorar as opções de automação disponíveis para você e veja como elas podem melhorar sua vida.

Texto recorrente é como usar a mágica do Harry Potter na escrita. Atalhos mágicos para a escrita. Imagine que você tem palavras difíceis de escrever ou frases que você usa constantemente, ou até mesmo textos completos em que você só precisa mudar algumas variáveis de acordo com a situação. Existem ferramentas que permitem que você substitua pequenos códigos de caracteres por esses textos, palavras ou frases.

Confuso? Por exemplo, imagine que você tem 2 ou 3 frases/pensamentos do Dalai Lama que você gosta de citar em várias ocasiões, em *e-mails*, mensagens, artigos, etc. Você vai perder muito tempo escrevendo essas citações o tempo todo. Essa ferramenta permite que você crie um código para cada uma delas (por exemplo, Cit1, Cit2, Cit3, ...) e sempre que você digitar esses códigos, a aplicação os substituirá por toda a citação. Parece não, mas essas ferramentas permitem poupar muito tempo ao escrever. Um dos melhores usos que dou é no preenchimento de formulários em *sites*. Tenho um código fácil de decorar para cada um dos meus dados pessoais. Assim, preencher formulários torna-se fácil e rápido.

Se você tem conta em várias redes sociais, já deve ter percebido que normalmente o conteúdo que você quer compartilhar pode ser compartilhado em todas elas. Então, o que você faz? Sim, eu sei que algumas das aplicações das redes sociais permitem compartilhar automaticamente com outras redes sociais, mas nem todas. Uma forma de fazer isso sem deixar nenhuma fora é através de serviços de integração na internet. Existem 2 ou 3 empresas operando neste serviço. Eu uso a mais conhecida, que é gratuita. Ela permite que o usuário configure ações em uma plataforma quando um gatilho é acionado. Ou seja, se isso acontecer, então aquilo vai acontecer. Dessa forma, você poderá fazer milhares de combinações usando as redes sociais. Por exemplo, se eu publicar algo no *Facebook* com a hashtag #publicatodos, então o sistema publica o mesmo conteúdo no Twitter. E você pode repetir essa combinação para tudo o que quiser.

Da mesma forma, você pode configurar para que, se você der um "curtir" em uma publicação, ela seja salva no armazenamento de notas na nuvem. Se você ver esse serviço, vai constatar que se a automação que você quer estiver na internet, provavelmente você vai conseguir fazê-lo usando esse serviço. São milhares de combinações possíveis. Para mim, é um desafio constante e diário descobrir novas formas de automatizar minha vida. São gestos e tarefas repetitivas que têm solução. Podem ser executadas por um robô e eu fico com mais tempo livre. Muitos dos automatismos que uso são para poupar alguns segundos em cada microtarefa, no entanto, somando todos esses segundos, ganho dias e dias durante minha vida. Além disso, tenho a mente focada em tarefas mais importantes e que ainda não têm automatismos para elas. Se não fossem esses automatismos, como eu poderia ter tempo para escrever esse livro?

janela partida

E então, lembrei-me de um estudo feito nos Estados Unidos na década de 60, onde eles abandonaram um carro de luxo num bairro problemático e outro num bairro chique. O resultado? O carro do bairro problemático acabou sendo desmontado até ficar com apenas algumas peças, enquanto o outro continuou inteiro.

Por outro lado, no bairro chique o automóvel estava inteiro, como se estivesse se exibindo para os vizinhos com seus vidros intactos e suas rodas ainda no lugar. Até então, não havia nada de surpreendente. Mas então, os investigadores resolveram quebrar uma janela do carro do bairro chique, só para ver o que aconteceria. E vocês nunca adivinharão, o carro começou a ser desmontado, até ficar apenas com a carroçaria. Foi o primeiro indício de que a teoria da janela partida estava certa. Se mostrarmos indícios de abandono ou desleixo, nos tornamos alvos fáceis para ladrões. E assim, os investigadores continuaram com suas experiências, sempre com resultados semelhantes. Se pensarmos bem, até podemos lembrar de alguns prédios abandonados que, depois de algumas janelas quebradas, rapidamente ficaram com todas as janelas quebradas.

Certo dia, enquanto eu estava pensando sobre a procrastinação e como é fácil desviar do nosso planejamento, lembrei-me da história da janela partida e percebi que é a analogia perfeita para como nos sabotamos. É como se tivéssemos construído um edifício sólido com nossas rotinas, mas depois permitimos que uma janela quebrada arruíne tudo. Vamos imaginar que eu tenha um treino no ginásio todas as quintas-feiras, depois do trabalho. A minha rotina é chegar em casa, comer alguma coisa, pegar meu equipamento e sair. Se um dia eu decidir sentar e assistir televisão por 15 minutos, o tempo vai passar e eu vou me sentar por mais 15 minutos e então mais 15 minutos e acabarei não indo ao ginásio. E essa é a primeira janela quebrada. Se eu não a consertar rapidamente, indo ao ginásio no dia seguinte, todo o meu edifício começará a ser vandalizado por mim mesmo. Na quinta-feira seguinte, minha motivação para ir ao ginásio já não será a mesma de quando tudo estava funcionando bem. Eu vou saber que posso não ir, e não ir se tornará uma opção e eu vou escolhê-la. O retorno é mais imediato e, portanto, mais atraente. Essa será a segunda janela quebrada e a partir daí, dificilmente haverá retorno. Todas as janelas serão quebradas e todo o meu sistema será derrubado. O sentimento de culpa, que deveria nos dar impulso para mudar as coisas, ao invés disso, nos puxa para um campo cheio de falta de confiança em nós mesmos e incapacidade de controlar nossos desejos.

Considera-te um ex-toxicodependente em recuperação. Qualquer recaída é como jogar tudo o que você construiu pela janela. Então, o segredo para continuar um plano é simplesmente continuar nele. Não deixar que a procrastinação te derrube e sempre vencê-la quando ela aparecer. Quanto mais vitórias você tiver, mais fácil será vencer a próxima, especialmente quando começar a ver os resultados do seu plano. Então, sempre que você estiver prestes a desistir de algo que você quer continuar fazendo no futuro, lembre-se: "Não quebre a primeira janela."

gestão do cérebro

Honestamente, espero que você tenha percebido até agora que trabalhar muitas horas é como ser o último a sair de um bar - parece legal, mas na verdade só está prolongando o sofrimento. O tempo em que chegar cedo e sair tarde do escritório era sinônimo de grande produção já passou. Hoje sabemos que isso pode significar algo completamente diferente, como falta de produtividade, dificuldade em concluir tarefas e trabalho feito de forma apressada e sem cuidado. Portanto, trabalhar muitas horas não significa trabalhar bem e ser produtivo.

Já vimos também que existem centenas de ferramentas que nos ajudam a ser produtivos, mas o mais importante é que a máquina que comanda tudo, nosso cérebro, precisa estar sempre fresco, revigorado e motivado para trabalhar. Assim como quase todos os nossos órgãos, nosso cérebro precisa de descanso. Então, trabalhar intensamente e por muitas horas consecutivas é como tentar cozinhar um ovo em óleo quente, vai terminar em desgaste e falta de produtividade. O nosso cérebro funciona melhor em curtos períodos de tempo do que em maratonas. Se aproveitarmos isso a nosso favor, conseguimos ser mais produtivos, viver mais descansados e ser mais felizes. Existem vários métodos que exploram essa descoberta, como a técnica *Pomodoro*, mas claro, temos de ser nós a adaptar esses métodos ao nosso cérebro. Não acredite em fórmulas únicas, você é único e tem uma fórmula original para descobrir.

Foco

Mantenha-se focado como um falcão caçando sua presa, mas não se esqueça de descansar entre esses períodos. Cada um de nós deve definir quantos minutos cada período de foco deve durar, no entanto, esse período nunca deve ser superior a 90 minutos. No meu caso, meu período de foco costuma ser de 25 minutos. Com um descanso entre esses períodos, o cérebro retoma o foco com mais energia e motivação. É muito gratificante ver como esse cuidado dá resultados. É um pequeno intervalo que recarrega a bateria do nosso cérebro. O método mais conhecido que segue essa regra é o *Pomodoro* e como é tão importante e eu uso tanto, falarei sobre ele em um capítulo separado.

Higiene mental

Reserve 5-15 minutos no meio do dia para uma pausa mental. Aproveite para dar uma pequena caminhada sem pensar em nenhum problema ou tarefa para fazer. Pense em coisas triviais que você vê diante dos seus olhos. Observe as gaivotas pegando peixe no mar. Conta as ondas que se quebram na praia. Veja a diferença entre as copas das árvores. Identifique os padrões da calçada. Olhe as pessoas conversando. Os animais em seu dia a dia. Ou seja, tire seu cérebro da rotina. Dê-lhe um pequeno descanso. Sempre que posso, faço essa pausa cuidando de minhas plantas. É uma forma de usar esse tempo de maneira útil. Mas nesse caso, o importante é dar uma pausa para o cérebro. Pode parecer fácil cumprir esse ponto, no entanto, na prática, você verá que é mais complicado do que parece. Não temos controle sobre nossos pensamentos e só com a prática conseguimos nos desvincular de nossos problemas diários ou até mesmo relativizá-los, não dando-lhes a importância que eles parecem querer ter. Nesse aspecto, é importante conseguir dizer várias vezes "Eu não ligo" ou "Não me importa". É uma "pescadinha de rabo na boca", quando seu dia estiver mais estressante é quando você mais precisar dessa pausa, mas é quando seu cérebro mais se agarra aos problemas do dia e dificulta a abstração. E sem esse descanso, temos menos capacidade de resolver problemas e ficamos mais estressados. Todos nós já tivemos dificuldades em dormir à noite quando estamos diante de uma situação estressante que precisamos resolver. Conta os carros que passam na rua, observe a técnica utilizada pelo limpador de vidros que está trabalhando no prédio em frente, tudo serve para enganar seu cérebro.

A boa hora

Não, não estou a falar de um horário para comprar pão fresco. Com certeza que já deste conta que há certas horas do dia em que o teu trabalho parece que rende mais do que uma máquina de caça-níqueis. Esta constatação é uma realidade. Há pessoas que para desenvolverem tarefas mais cerebrais preferem fazê-lo após poucos minutos de acordarem enquanto que outras preferem fazê-lo algumas horas antes de adormecerem. As causas para estas diferenças ainda não foram percebidas mas são uma realidade. Por outro lado, podemos também confirmar que há quem se sinta melhor a fazer exercício físico de manhã enquanto que outros preferem fazê-lo à tarde ou mesmo durante a noite.

Vamos então aproveitar a nossa melhor hora para fazermos as tarefas mais importantes ou que carecem de mais frescura mental, assim garantimos que as tarefas mais importantes são realizadas com mais motivação do que um atleta olímpico antes de uma prova final.

Menos horas

Se você quer ser mais produtivo, trabalhe menos horas! É isso mesmo que você leu. O nosso cérebro é como uma bateria: precisa ser carregado de vez em quando. Então, em vez de trabalhar o dia inteiro, tente trabalhar em *sprints* curtos e intensos. Assim, você poderá produzir mais em menos tempo e ainda ter tempo livre para fazer coisas que realmente te dão prazer e felicidade.

John Pencavel, um investigador da Universidade de Stanford, afirmou que o trabalho semanal nunca deveria ser superior a 48 horas, pois ultrapassando esse número, a qualidade do trabalho começa a deteriorar-se. Algumas empresas já implementaram políticas de redução drásticas no horário de laboração, como a Suécia, que começou a testar o horário de 6 horas diárias em Gotemburgo. E um estudo australiano sugere que pessoas com mais de 40 anos deviam trabalhar apenas 3 dias por semana.

Na minha opinião, esses estudos são conclusivos para trabalhos continuados, mas claro que se temos uma tarefa com um *deadline*, não vamos parar de trabalhar porque os estudos dizem que depois seremos menos produtivos. Já passei muitas noites com poucas horas de sono para terminar e enviar determinados relatórios. O problema, nesses casos, era a montante, algumas más decisões ou existência dos perigos da procrastinação. E claro que depois de cumprido o prazo abusando de noites muito longas minha produtividade caía drasticamente até recuperar minha frescura física e mental. Com certeza que você também já sentiu isso.

A tristeza também é boa!

Quem diria, não é mesmo? É incrível como o nosso cérebro funciona. Eu nunca fui estudante de medicina, psicologia ou psiquiatria, mas desde que me interessei pela produtividade, comecei a acompanhar notícias dessas áreas e como elas estão diretamente relacionadas com o nosso trabalho.

E você já parou para pensar por que é que você decide fazer aquelas coisas que você está adiando há tanto tempo? Quando você se sente feliz ou quando você se sente triste? A maioria das pessoas responde que é quando se sente triste. E é exatamente isso que acontece comigo também. Ao contrário do que se possa pensar, é quando estou mais chateado com alguma coisa da vida que me proponho a fazer o que já devia ter feito há muito tempo. Quando estou feliz, quero aproveitar ao máximo essa felicidade e, portanto, não me proponho a fazer essas coisas tão prontamente.

É como se a tristeza fosse a "gasolina" que move a nossa produtividade. Então, ao invés de lutarmos contra ela, vamos aproveitá-la e fazer o que nos custa mais. Afinal, para existir o bom, tem de existir o mau, e para existir a felicidade, tem de haver um pouco de tristeza.

Comprometa-se com você e com o mundo!

Um dos melhores métodos para se motivar a terminar grandes tarefas/projetos é divulgá-los para amigos e familiares. Isso é como colocar a sua reputação em jogo. Quando as pessoas sabem que você está trabalhando em algo, elas vão perguntar sobre o progresso e isso o mantém responsável e comprometido com o seu projeto.

E você já deve ter passado por isso: quando o desenvolvimento de um projeto não está correndo muito bem, parece que existe uma força maligna tentando roubar toda a sua motivação e otimismo. Eu sei que já aconteceu comigo. Às vezes, parece que atirar a toalha no chão é a única opção. Mas, depois de passar por algumas experiências assim e perceber que poderia ter encontrado outra solução, eu encontrei uma forma simples de me motivar: fazer com que as pessoas perguntem sobre meus projetos.

É como se você tivesse um compromisso não só com você mesmo, mas também com o mundo. Então, se você quer se manter motivado e comprometido com seus projetos, divulgue-os para seus amigos e familiares. Eles vão te ajudar a cumprir essa promessa e você vai ter a satisfação de dizer "Eu consegui fazer isso!"

Você já sentiu aquele sentimento de culpa quando falha em algo e tem que contar para alguém? Por exemplo, desde criança, preferimos não falar no assunto quando somos reprovados em um teste. Se alguém pergunta sobre o resultado, somos obrigados a responder com vergonha e culpa. Eu trabalhei com esse sentimento. Quando começo um novo projeto, conto para algumas pessoas para que elas, sem saberem disso, sejam os meus "policiais", para quando for necessário. Ou seja, quando explico mais ou menos detalhadamente sobre meus projetos, espero que mais cedo ou mais tarde comecem a me questionar sobre ele e seu desenvolvimento. Assim, é muito mais fácil para mim parar de pensar em desistir, se essa vontade surgir. Eu não quero sentir essa sensação de vergonha e culpa. Obviamente, analisando e ponderando racionalmente todos os fatos relacionados a esse projeto, se tiver que deixá-lo para trás, farei isso sem vergonha ou culpa. Este pequeno truque que uso serve apenas para aquelas situações em que não devemos desistir apenas porque está sendo difícil superar algum obstáculo pontual. Não é necessário pensar em grandes projetos para usar esse truque. Pense em coisas do dia-a-dia, como ir ao médico. Eu não gosto de ir ao médico, mas tenho que ir, é minha saúde que está em jogo. Faço marcação uma tarefa do dia e informo minha esposa, por exemplo. Assim, sou obrigado a marcar a consulta e impelido a não faltar, porque sei que, em conversa, minha esposa vai perguntar como foi a consulta. Da mesma forma que pode ser usado em centenas de outras situações.

multitasking

Quem quer pegar dois coelhos acaba pegando nenhum!

A sociedade adora aqueles indivíduos que conseguem executar múltiplas tarefas simultaneamente, os chamando de exemplos de produtividade. Mas será que isso é verdade? Será que se fizermos mais de uma coisa ao mesmo tempo aumentamos a nossa produtividade? Teoricamente sim, mas na prática, definitivamente não! Eu não consigo, e provavelmente você também não. É impossível ser produtivo fazendo várias coisas ao mesmo tempo. Eu até desligo o *podcast* que estou ouvindo quando tento me concentrar em um caminho alternativo que o trânsito intenso me obriga a percorrer.

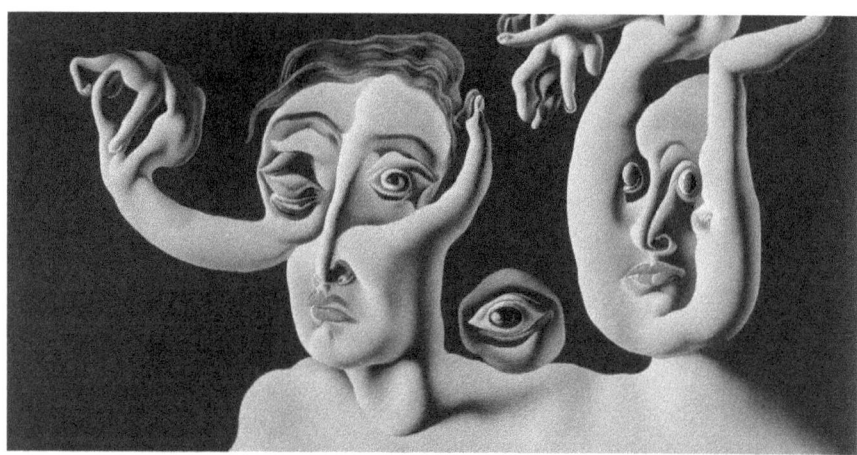

Não se engane, "ao mesmo tempo" não é sinônimo de "troca rápida de atividade". Há muita gente que confunde esses dois conceitos, mas apesar de ambos serem inimigos da produtividade, eles são diferentes. A troca rápida de atividade é quando, por exemplo, você para de escrever um *e-mail* para assistir um vídeo no YouTube e, em seguida, atender uma ligação telefônica. Já o multitarefa é, por exemplo, escrever um *e-mail* enquanto fala ao telefone. (Na verdade, o cérebro humano não tem o modo multitarefa, mas como o foco é alterado em milésimos de segundo, a gente acha que está fazendo tudo ao mesmo tempo).

Se você acha que é um multitarefeiro, parabéns, você é um dos 2% da população mundial que consegue fazê-lo. Sinta-se privilegiado. Para todos os outros, como eu, resignem-se com o seu estado e adaptem-se. Na verdade, quando tentamos fazer mais de uma tarefa ao mesmo tempo, estamos diminuindo nossa produtividade. É uma constatação. Por isso, existem vários métodos que levam em conta essa nossa limitação e se concentram em maximizar nossa atenção para cada tarefa que estamos realizando. Eu, pessoalmente, pratico a técnica *Pomodoro*. É uma técnica que combina períodos de foco e de descanso para manter o cérebro fresco a cada bloco de atenção. Porque acho que essa técnica tem muito valor, vou falar mais detalhadamente sobre ela em outra ocasião.

Sabia que quando somos distraídos por uma chamada telefônica ou pela leitura de um *e-mail*, nosso QI cai 10 pontos? Isso é tão ruim quanto perder uma noite de sono? Interessante, não é? Então, como alguém pode perder "inteligência" e ganhar produtividade ao mesmo tempo? Não pode. Na verdade, segundo uma pesquisa publicada pela empresa Caffeine, a produtividade cai 40% quando as tarefas são executadas simultaneamente. A mesma pesquisa também descobriu que o multitarefismo leva a mais erros e a uma fadiga mais rápida, e é uma das principais causas de cansaço mental e estresse.

Outro grande problema do multitarefismo é a falta de sensação de "missão cumprida". Quando nos concentramos em uma tarefa até completá-la, desenvolvemos essa sensação que é parte fundamental de qualquer método de motivação, o sentimento de tarefa cumprida. Só quem usa uma lista de tarefas sabe do que estou falando. É uma sensação incrível quando, durante o dia, vamos marcando ou riscando as tarefas que planejamos conforme as vamos concluindo. Isso nos dá motivação para nos dedicarmos à próxima tarefa e a sensação de que estamos progredindo. Quando tentamos fazer tudo ao mesmo tempo, o tempo passa e as coisas parecem não evoluir. Além de perdermos a motivação, ainda ganhamos desmotivação para continuar. Existe um método de gerenciamento de projetos/tarefas chamado *Kanban* que funciona muito bem com esse problema. Ele restringe o número de tarefas que podem estar no estado "em progresso" ao mesmo tempo e, em alguns casos, até restringe a uma tarefa só. Ou seja, para começar uma tarefa, é preciso concluir outra. Ele é normalmente utilizado em equipes, para que haja cooperação entre os membros e para que a informação sobre os projetos esteja disponível para todos. Eu utilizo mentalmente, tentando não começar muitas tarefas sem ter concluído as que já estou realizando.

Com o surgimento das tecnologias de comunicação móveis, os mais jovens nasceram e cresceram acostumados com essa realidade. Desde cedo, eles aprendem a alternar entre uma conversa no *WhatsApp*, um gosto no *Facebook* e uma foto no *Instagram*, desenvolvendo assim o hábito de multitarefismo. Já existem estudos que afirmam que essa nova geração é mais imune às distrações enquanto realiza multitarefismo e confirmam que, com a experiência, o multitarefismo melhora sua eficiência, mas ainda assim fica muito aquém da eficiência do monotarefismo. Sempre que possível e a situação seja adequada, mantenho meu foco, usando o método *Pomodoro*, apenas em uma atividade e tentando cumprir o prazo que pré-estabeleci. Com esse cuidado, tenho certeza de que maximizo a boa utilização do meu tempo e mantenho meu cérebro o mais fresco possível, garantindo que a tarefa em questão e as próximas sejam bem executadas.

Eu também sou um *multitasker*!

Mas sou um *multitasker* muito limitado e ciente de que usar meu tempo para realizar mais de uma atividade só é possível em algumas situações e para algumas tarefas específicas. Há tarefas que podem ser realizadas simultaneamente, liberando tempo para outras tarefas mais importantes. Mas não é verdade que o *multitasking* não funciona? Sim, é verdade. Mas quando falo em tarefas simultâneas, estou me referindo apenas a situações e tarefas que podem coexistir sem afetar a qualidade de sua execução. Ou seja, meu foco pode estar em uma tarefa enquanto outra está em modo automático.

Eu faço isso com frequência e fico realmente irritado comigo mesmo quando percebo que perdi uma boa oportunidade para fazê-lo. Lembra-se de quando eu mencionei como coloco o telefone como último recurso em uma comunicação? Bem, eu criei um hábito de fazer ligações enquanto dirijo. Por quê? Em minhas rotas diárias, o caminho é sempre o mesmo, o carro é sempre o mesmo, tudo é igual, dia após dia e minha condução está no modo automático. Normalmente, eu nem me lembro dos acontecimentos dessa rota. Então, nessas condições, aproveito para fazer as ligações de que preciso. Sabendo que minha atenção está sendo dividida entre duas tarefas, só uso o tempo de condução para fazer chamadas telefônicas triviais. Aquelas chamadas de cortesia em que não precisarei me distrair com a direção. É uma regra que imponho a mim mesmo para garantir minha segurança. Então, quando eu falar com um parente ou amigo para ver se está tudo bem, vou dirigir. No entanto, quando eu fizer uma rota desconhecida, não faço ligações para que minha atenção à rota não seja dispersa.

Eu faço a seguinte analogia: imagine que nosso cérebro é um processador de computador e tem 100% de capacidade. Quando está executando uma tarefa trivial, só precisa de 60% da capacidade de processamento disponível. Então eu uso os outros 40% para realizar outra tarefa trivial. No entanto, eu sei que dirigir deveria ter toda a capacidade dedicada, mas tento equilibrar isso com ligações de conteúdo trivial. Por exemplo, nunca atendo uma ligação de um cliente. Prefiro ignorar a chamada e retorná-la mais tarde, quando estiver totalmente focado nessa atividade.

Pomodoro

Quero começar falando sobre o *Pomodoro*, que é simplesmente incrível! Estou escrevendo este livro usando essa técnica. Algo tão simples que traz tantos resultados. Porque eu gosto tanto dele e acredito que realmente é uma das principais razões para minha produtividade, dedico um espaço especial neste livro para ele. Então, o que é o *Pomodoro*? É como um cronômetro magico que te ajuda a ser mais produtivo e menos distraído.

Pomodoro é como dar ao nosso cérebro um aquecimento como um atleta olímpico. Nós impomos pequenos tempos de concentração, intercalando com pequenos momentos de descanso, assim como Usain Bolt não corre uma maratona inteira, mas sim um sprint. Isso faz com que nosso cérebro produza resultados incríveis sem ficar exausto. Então, não se preocupe se você não consegue se concentrar por horas, você é um Bolt cerebral, você é feito para pequenos períodos intensos.

Pomodoro é como um treinador pessoal para o nosso cérebro. Ele é flexível e se adapta às necessidades de cada um de nós. Mas, assim como todo treinamento, temos um ponto de partida. Começamos com 25 minutos de concentração total, sem *multitasking*. É como se o nosso cérebro estivesse em um campo de batalha, e não pode desviar a atenção para outra coisa. Depois de 25 minutos, é hora de fazer uma pausa de 5 minutos, onde podemos fazer qualquer coisa, menos trabalhar na tarefa em questão. E assim segue, cada 3 *Pomodoros*, fazemos uma pausa mais longa de 15 minutos, e voltamos para mais 25 minutos de foco. É como se fosse um treino militar para o nosso cérebro, mas com um tempo para descansar entre as sessões de treinamento.

Eu comecei a usar o *Pomodoro* e nunca mais parei. É como um *personal trainer* para o nosso cérebro, mas cada um pode adaptá-lo de acordo com suas necessidades. Alguns amigos meus fazem sessões de 50 minutos de foco e 10 minutos de descanso, outros preferem 25 minutos e 5 minutos. Acho que é como ir ao ginásio, uns preferem levantar pesos, outros preferem correr.

A técnica *Pomodoro* tem três grandes vantagens:

1. Ajuda-nos a concentrar-nos em apenas uma tarefa, assim terminamos mais rápido e com melhor qualidade.
2. O nosso cérebro fica motivado sabendo que são "apenas" 25 minutos de foco e, com isso, conseguimos fazer mais em menos tempo.
3. Com os pequenos intervalos de descanso, recarregamos as nossas baterias para continuarmos a trabalhar com mais energia e menos cansaço, e com mais tempo livre para outras coisas, e por isso, mais felizes.

A chave para o sucesso com o *Pomodoro* é seguir as regras. É como jogar poker, se você não seguir as regras, vai perder. Então, durante esses 25 minutos, é importante desligar tudo que possa distrair você, como celular, notificações, *e-mail*s, enfim, tudo que possa tirar sua atenção. Lembre-se que essas distrações só estarão lá por 25 minutos e depois você pode voltar a elas.

Eu prefiro usar uma das inúmeras aplicações para *smartphones* disponíveis, em vez de usar papel e caneta, pois eu sou comprometido com uma vida sem papel. Eu posso facilmente programar todas as variáveis, como a duração dos meus *Pomodoros*, e estar pronto para usá-lo.

inbox zero

Eu sei que é difícil encontrar alguém que saiba usar a caixa de entrada do email como deveria. Você tem milhares de *e-mails* na sua *inbox*? Eu apostaria que você está segurando o recorde mundial de *e-mails* na *inbox* ou está bem perto disso. Eu sei, eu já fui assim também. Mas depois de entender que a *inbox* é apenas um local temporário, decidi seguir o método do *inbox* zero. A *inbox* é como o hall de entrada da sua casa, as visitas entram lá, mas elas não podem ficar lá para sempre, certo? Eles entram e esperam pacientemente até que você os chame para a sala de jantar (ação) ou os mande para a cozinha (arquivamento).

Os *e-mails* são como presentes surpresa, às vezes são úteis, outras vezes são só spam. Mas a verdade é que a maioria dos *e-mails* são como pequenas tarefas esperando para serem completadas, como pagar uma conta, solicitar um relatório ou comprar um produto. E é aí que entra a lista de tarefas, é como o meu assistente pessoal para gerenciar essas tarefas. Para mim, o email é apenas uma forma de as outras pessoas me enviarem essas tarefas. Como por exemplo, receber uma factura em *PDF* com a data de pagamento, geraria imediatamente uma tarefa para eu pagar essa factura na data certa. Não preciso perder tempo procurando por esse email na minha *inbox*, eu simplesmente adiciono essa tarefa na minha lista de tarefas. Algumas pessoas gostam de arquivar esses *e-mails* em pastas específicas, mas isso acaba ocupando muito espaço na sua conta de email.

Eu acredito que existe uma ferramenta para cada tarefa, mas é importante usar o menor número possível de ferramentas para alcançar seus objetivos. Por exemplo, se o objetivo é gerenciar tarefas, então não devemos fazê-lo usando tanto o nosso email quanto o nosso gerenciador de tarefas. O email é apenas um meio para criar algumas tarefas. Por isso, quando escolho meu cliente de email, meu gerenciador de tarefas, meu armazenamento na nuvem e outras aplicações, eu sempre me preocupo em verificar se eles se integram bem para garantir uma transmissão de informações rápida e fácil. Dessa forma, quando recebo um email que se transforma em uma tarefa, eu posso transferi-lo para o meu gerenciador de tarefas com apenas dois cliques e criar automaticamente uma tarefa com as informações contidas no email.

Então, o que fazer com esses *e-mails* que não são tarefas imediatas? Eu os guardo no meu serviço de armazenamento na nuvem e apago-os da minha *inbox*. Isso mantém minha *inbox* vazia e organizada, e as informações importantes estão seguras no meu armazenamento. Eu até tenho regras de email configuradas para fazer isso automaticamente, então esses *e-mails* vão direto para o armazenamento sem passar pela minha *inbox*. Assim, quando preciso de alguma informação, vou direto ao meu armazenamento e procuro lá. Por exemplo, se eu quiser ver o menu atualizado do meu restaurante de entrega de comida, vou ao meu armazenamento, digito algumas palavras relacionadas a comida e ao restaurante, e encontro o menu rapidamente. É a vantagem de ter tudo concentrado em uma única aplicação. Da mesma forma, se eu quiser verificar e organizar minhas tarefas, vou direto ao meu gerenciador de listas de tarefas e não perco tempo vasculhando minha *inbox* bagunçada procurando por um determinado email sobre uma tarefa.

As aplicações de hoje estão tão bem projetadas que é fácil e intuitivo trocar informações entre elas, e é por isso que o email está se tornando cada vez mais apenas um meio de comunicação. Adotando a *inbox* zero, eu sou mais produtivo e não perco tempo lidando com a informação que chega por email. Isso me permite ter informações organizadas e ter total controle sobre como gerencio meu tempo.

É com pequenos detalhes que se ganha tempo para fazer o que realmente importa e nos realiza. Você já deve ter experimentado a pressão de tentar encontrar uma informação importante em algum lugar e perder tempo precioso procurando. Isso pode nos deixar irritados e preocupados o dia inteiro e nos impedir de realizar tarefas programadas. Em vez disso, adotando hábitos simples como a *inbox* zero, em vez de perdermos tempo com situações desnecessárias, ganhamos vida minuto a minuto. Esses hábitos podem ser facilmente incorporados em nossa rotina e, em pouco tempo, consideramos como algo banal, tanto o hábito em si quanto todos os benefícios que ele nos traz. Não precisamos mais ficar preocupados com a perda de informações importantes ou com a falta de organização, pois temos tudo concentrado em uma única aplicação e podemos encontrar tudo o que precisamos facilmente e rapidamente. Adotando esses hábitos, ganhamos tempo e tranquilidade para fazer o que realmente importa e nos faz felizes.

Este é o meu exemplo favorito: recebi um email da escola do meu filho pedindo para devolver uma autorização assinada. Em vez de deixar esse email flutuando no espaço cibernético, eu crio rapidamente uma tarefa na minha lista de tarefas. Então, quando vou verificar minhas tarefas, lá está ela, esperando pacientemente para ser concluída. Então, agendo para terminá-la no dia seguinte e reservo 5 minutos para ler e enviar a autorização devidamente assinada. Dessa forma, não me preocupo em perdê-la entre milhares de *e-mails* e minha caixa de entrada fica sempre limpa e sem assuntos pendentes.

respiração

O mundo está cada vez mais rápido. Estou falando da tecnologia, da comunicação e do ritmo acelerado das coisas. E tudo bem, afinal, quem não gosta de um mundo onde as coisas acontecem rapidamente, certo? Mas cuidado, essa velocidade pode fazer com que você se sinta como se estivesse correndo uma maratona de decisões e tarefas, e você sabe como é cansativo correr uma maratona. Este livro é sobre como fazer as coisas mais rápido, mas sem se esquecer de parar para desfrutar da vida. Existem pessoas que lidam muito bem com pressão, é como se fossem robôs, sempre prontos para tudo. Já outras pessoas, como eu, não lidam tão bem e acabam virando um saco de estressado. Eu prefiro ter tudo planejado e controlado, não gosto de surpresas. Mas a vida é cheia de surpresas, não é? Às vezes somos confrontados com situações e problemas que precisam ser resolvidos rapidamente e é aí que eu entro em pânico. Parece que meu coração vai explodir, meus músculos ficam tensos e eu fico com olhos arregalados. Eu li uma vez que isso é um comportamento herdado de nossos ancestrais primitivos, que precisavam estar sempre preparados para um ataque. Mas nós não precisamos mais nos preocupar com animais ferozes, então precisamos nos lembrar disso e tentar relaxar. Mas como fazer isso?

Talvez a resposta esteja em uma boa dose de risada e uma pitada de auto-ironia, afinal, rir é o melhor remédio.

Eu costumava ser uma pessoa que se deixava levar pelo stress e emoções, mas agora eu sei que é melhor ser racional. As pessoas às vezes acham estranho quando eu aparento estar calmo em situações estressantes, mas eu sei que estou no controle. Como eu consegui isso? Respirando. É incrível como um exercício tão simples pode fazer a diferença. Tudo o que você precisa fazer é respirar profundamente, levantar os braços e esperar alguns segundos. Faça isso dez vezes e seu coração ficará estável e sua mente estará preparada para raciocinar. Com o tempo, você não precisará mais fazer isso, pois seu cérebro entenderá que não há perigo e não precisa entrar em estado de alerta. Então, se você quiser se sentir como um super-herói, respire fundo e relaxe.

Eu poderia explicar cientificamente porque esse exercício funciona e como o cérebro reage, mas prefiro que você experimente e me conte o que sentiu. Eu vou dar uma dica, se você quiser tornar esse exercício ainda mais fácil, coloque um *App*le Watch no seu pulso. Ele tem uma espécie de inteligência artificial que detecta alterações na sua pulsação e lembra você de fazer o exercício. E se você já estiver fazendo, ele ajuda a controlar o tempo de inspiração e expiração. Então, respire fundo e deixe a tecnologia trabalhar por você.

nuvens e *backup*

Você sabe aquela sensação de quando você está prestes a comer uma pizza deliciosa e ela cai no chão? É mais ou menos assim que eu me sentiria se perdesse tudo o que eu tinha construído nos últimos 10 anos. Textos que eu escrevi, fotos da família, vídeos do nascimento e aniversários dos meus filhos, relatórios que eu trabalhei duro para terminar e apresentar na empresa, todos os meus *e-mail*s e documentos importantes, tudo, simplesmente sumindo em um instante. Eu ficaria mais triste do que uma galinha sem ovo.

O que adianta ser produtivo se acabamos perdendo tudo o que construímos? Essa é uma pergunta que devemos nos fazer, porque a maior parte da nossa informação digital vai desaparecer se não fizermos nada para evitar isso. Você deve estar se perguntando: "Como assim? Eu vou perder toda a minha informação?" Por mais cuidadosos que sejamos com nossos computadores, discos externos, *smartphones*, nuvens, etc., um dia virá em que toda ou parte da sua informação será perdida se não tivermos um bom sistema de *backup*. Eu não vou entrar em detalhes sobre esse tema neste livro sobre produtividade ou como fazer mais em menos tempo, mas queria deixar escrito algumas linhas para que você tenha consciência dos perigos de perda de conteúdo digital. Mais tarde, nas redes sociais, eu terei todo o prazer em discutir com você as melhores formas de construir um sistema de *backup* que te deixe seguro. Agora é só o momento de você entender o que é um *backup* e qual é a sua importância. Então, enquanto você estiver ocupado sendo produtivo, não se esqueça de salvar as suas coisas, ou você vai acabar se sentindo como um gato tentando pegar um rato, só que no final, você é o rato.

O seguro morreu de velho

O *backup* é como um seguro para suas informações e arquivos, garantindo que eles só morram quando você não precisar mais deles, e não devido a um acidente.

O *backup* é uma palavra inglesa que significa cópia de segurança, mas vai além disso. Uma forma fácil de construir um sistema de *backup* é usando a estratégia 3-2-1: ter 3 cópias dos seus dados, sendo 2 delas com você e 1 em um local distante.

3 cópias dos seus dados

Com essa estratégia, você deve ter 3 cópias dos mesmos dados. Uma delas é a "original", onde você cria e acessa diariamente, armazenada no seu computador principal. Além disso, você deve ter mais 2 cópias. Você deve estar se perguntando por que deve ter mais 2 cópias e não apenas 1. É chamado de redundância de dados e serve para garantir que, em caso de falha, sempre haja uma cópia para substituir a informação ou o processo que falhou. Em sistemas informáticos de grandes empresas, essas redundâncias são inúmeras, e se um processo falhar, o sistema não cai porque existem outros processos fazendo a mesma coisa e substituindo o processo em crise. Da mesma forma, em um avião, equipado com centenas de sistemas informáticos, todos eles trabalham com redundâncias para minimizar o risco de falha geral. Em qualquer sistema informático, quanto maior o número de redundâncias, maior a segurança desse sistema, mas os custos também serão mais altos. E é apenas pelo fator custo que a estratégia 3-2-1 não propõe mais do que 3 cópias. É aceitável o pequeno custo com essas 3 cópias em relação à segurança que elas dão para os dados de uma pessoa.

2 cópias em casa

A menos que você queira viver sua vida como um personagem de um filme de terror, onde tudo está sempre prestes a dar errado, é melhor ter uma cópia dos seus arquivos junto de você. Tipo, do lado esquerdo do teclado, ou talvez até mesmo no bolso. Vamos chamá-lo de seu disco externo pessoal. Ele é o herói silencioso que estará lá para salvá-lo quando tudo o mais falhar. Porque, vamos ser honestos, não importa quão cuidadosos somos, eventualmente vamos apagar algo importante sem querer. Mas com o seu disco externo pessoal, você pode facilmente recuperar o que foi perdido e voltar à sua vida normal. É como ter um superpoder, mas sem ter que usar uma roupa engraçada.

1 cópia fora de casa

Ter uma 3ª cópia dos seus dados é como ter um seguro de vida para seus arquivos. Porque, vamos ser honestos, se as outras duas cópias estão na sua casa, elas são como irmãos gêmeos: sempre juntos e sempre expostos aos mesmos riscos. É como guardar todo o seu dinheiro debaixo do colchão. Com certeza, é seguro, mas também é um pouco arriscado. Então, você precisa de um plano B. E esse plano B é ter uma cópia dos seus arquivos em um lugar seguro e longe de casa. Pense nisso como um cofre de segurança para seus dados. E a melhor parte é que, com serviços de armazenamento baseados na nuvem, você pode acessar seus arquivos a qualquer momento, de qualquer lugar. Claro, é importante lembrar que essa cópia é o nosso último recurso, então, você não quer depender dela demais, mas é sempre bom ter um plano de contingência.

"Você está com medo? Ótimo, significa que estou fazendo meu trabalho. Cópias de segurança são como escovar os dentes, algo que a maioria das pessoas sabe que é importante, mas só faz quando já é tarde demais. Como dizem, "é melhor prevenir do que remediar". Mas não se preocupe, fazer cópias de segurança não é tão difícil quanto parece. Hoje em dia, as empresas estão fazendo tudo o que podem para tornar o processo o mais simples possível. Depois de instalar o software, você pode esquecer que ele existe, pois ele cuidará de tudo. Você só precisará lembrar dele quando precisar usá-lo, tipo quando perder todos os seus arquivos importantes.

conclusão

A vida é como um livro, cada um escreve a sua própria história. Cada um tem suas próprias prioridades e valores, e caminha por caminhos diferentes. Trabalhamos de maneiras diferentes, amamos coisas diferentes, odiando outras coisas diferentes. Alguns de nós seguem dogmas, enquanto outros seguem a lógica e a ciência. Alguns vivem para os outros, enquanto outros vivem para si mesmos. Alguns valorizam o amor e a felicidade, enquanto outros valorizam o dinheiro. No final, somos todos diferentes, mas todos buscamos a mesma coisa: ser felizes.

Não querendo soar como um filósofo de bar, mas às vezes me pego pensando sobre a vida e chego à conclusão de que algumas pessoas são felizes sendo infelizes. Normalmente, achamos que felicidade é sinônimo de sorrisos e risadas, mas algumas pessoas se sentem realizadas quando não têm nenhuma razão para rir. Elas se sentem completas ao proporcionar felicidade para os outros, mesmo que elas mesmas não estejam se sentindo felizes. E isso não é estranho ou bizarro, afinal, somos todos diferentes e valorizamos coisas diferentes.

O que realmente importa para nós, é sermos felizes, cada um à sua maneira. E para sermos felizes, precisamos de tempo para fazer as coisas que nos deixam em um estado de "flow" e para perceber que estamos felizes. Sim, talvez estejamos trabalhando em algo que não gostamos muito, mas se temos coisas boas acontecendo em nossa vida, podemos perceber que somos felizes e que estamos vivendo uma vida feliz.

Existem objetivos de vida que devemos perseguir, mas não podemos esperar para sermos felizes apenas quando os alcançamos. É importante aproveitar os pequenos momentos da vida para sermos felizes, sem esperar pelo objetivo final. E mesmo quando atingimos esses objetivos, novos objetivos sempre surgirão, então nunca sentiremos completamente felizes. É como dirigir com seu filho de 3 anos e estar com muita fome, mas dar as suas 2 bolachas para o filho e se sentir feliz em fazê-lo, mesmo continuando com fome. Às vezes, precisamos aprender a valorizar mais o que temos e não dar tanto valor às coisas que ainda não temos. Não estou dizendo que devemos ser ingratos, mas se valorizarmos mais o que conseguimos obter a cada dia, viveremos de maneira mais feliz. O copo pode ser o mesmo, mas podemos escolher ver ele meio cheio, em vez de meio vazio.

Se o nosso objetivo final é sermos felizes, precisamos de maximizar o tempo para alcançá-lo. Isso significa garantir que nossas necessidades básicas são atendidas, mesmo que isso signifique trabalhar em empregos que não amamos, lidando com pessoas desagradáveis ou chefes insuportáveis. Mas é um mal necessário até alcançarmos algo melhor. Ainda assim, devemos encontrar o lado positivo e lembrar que esses empregos nos permitem satisfazer nossas necessidades básicas. Então vamos ser felizes. Vamos minimizar o tempo gasto em coisas que não nos trazem muita alegria e maximizar o tempo gasto fazendo o que nos traz retorno e felicidade. Isso se chama produtividade. Fazendo mais coisas em menos tempo.

Eu sou um feliz viciado em produtividade. Todos os dias, estou sempre buscando maneiras de fazer meu trabalho em menos tempo, para poder passar mais tempo fazendo o que realmente importa para mim. Não é difícil ser assim, e tenho certeza de que quando você começar a sentir os benefícios de ser produtivo, você também se tornará um viciado nisso.

Este livro é como uma caixa de ferramentas para a minha produtividade. Eu sei que alguns dos tópicos podem não ter sido abordados com a profundidade que deveriam, mas eu o vejo como parte de um todo. Esse todo inclui este livro, redes sociais, uma *newsletter*, *e-mails*, um *podcast* e qualquer outra coisa que venha a surgir. Se você gostou desta obra, sinta-se à vontade para me enviar um *e-mail* com comentários ou perguntas sobre qualquer coisa que possa ter ficado sem resposta. Eu gostaria de criar uma comunidade onde possamos trocar ideias sobre produtividade. Eu não inventei nenhum dos métodos abordados neste livro, apenas compartilhei como eu os uso e como eles funcionam para mim. Mas eu sei que não sei tudo e nunca saberei, então quero aprender mais e ser ainda mais produtivo. Quem sabe, eu possa ser ainda mais produtivo aprendendo com sua experiência de vida? Compartilhe comigo e com nossa comunidade suas experiências. Assim, todos seremos melhores e mais felizes.

www.ingramcontent.com/pod-product-compliance
Lightning Source LLC
Chambersburg PA
CBHW070320220526
45465CB00013B/1593